RAYMOND H. A. CARTER

Le Piège de la drogue

Chiron
ÉDITEUR

Chez le même éditeur

Éloge du verre d'eau par André Monroche et Pascale Monnerot.

Comment choisir sa psychothérapie par Patrick Traube.

Le catalogue de nos publications, gratuit, est disponible sur simple demande.

Cet ouvrage constitue une édition totalement revue, corrigée et réactualisée du livre originellement titré Pharmacodépendance et pharmacodélinquance *publié par le même auteur aux mêmes éditions.*

ISBN : 2-7027-0600-2

Avant-propos

Le trafic illicite et la consommation de drogues connaissent aujourd'hui des proportions encore jamais atteintes. Le développement de ces pratiques affecte la plupart des pays, inquiète les experts les plus avisés et favorise l'expansion d'un trafic multiforme animé par une population délinquante de plus en plus internationalisée.

Notre pays en particulier voit le nombre de ses toxicomanes augmenter inexorablement depuis plus d'une vingtaine d'années. Les adolescents sont tout particulièrement pris pour cible par des revendeurs cyniques profitant de la faiblesse d'une jeunesse trop souvent mal informée des dangers de la drogue. De nombreux jeunes, enfants ou adolescents, sous influence, se droguent à l'aide d'hydrocarbures, de solvants volatils toxiques ou de « cocktails » improvisés, composés de médicaments divers entraînant des conséquences souvent irréversibles sur l'organisme.

Une toxicomanie d'origine « licite », moins connue, se développe, parallèlement aux pratiques illicites, à l'aide de psychotropes et d'autres médicaments. Une grande majorité des usagers de produits illicites et licites se retrouvent enfin sur le même terrain de la « pharmacodélinquance » afin de pouvoir tristement satisfaire leur besoin toxicomaniaque.

Quels sont aujourd'hui les différents produits qui tiennent des millions de personnes dans les prisons de la toxicomanie ? Quels sont leurs modes de fabrication, de distribution, de consommation respectifs ? Comment lutter contre l'expansion des réseaux de trafiquants de drogue ? Doit-on distinguer les drogues douces des drogues dures ? Faut-il légaliser, dépénaliser l'usage des drogues ? Autant de questions auxquelles cet ouvrage espère apporter des réponses claires et utiles parce que urgentes.

Raymond H. A. Carter

Introduction

À Mireille, mon épouse,
et à mes filles, Audrey et Julie.

Depuis la plus haute Antiquité, les hommes usent et abusent de produits d'origine naturelle auxquels ils ont recours pour obtenir une guérison ou parvenir à une forme de bien-être artificiel. On leur donne généralement le nom de « drogues ». C'est le « nom générique de diverses matières premières, dit le dictionnaire, employées pour la préparation pharmaceutique ou pour la teinture. Par extension, se dit vulgairement de toute substance médicamenteuse. Synonyme de stupéfiant.» De nombreuses pharmacopées font état de diverses préparations de « drogues » qui entrent dans le cadre de thérapeutiques particulières et font appel à l'emploi d'une ou de plusieurs substances naturelles.

Pour l'Organisation mondiale de la santé (OMS), le mot « drogue » désigne « toute substance qui, introduite dans l'organisme vivant, peut modifier une ou plusieurs de ses fonctions ». Mais c'est moins la modification d'une de ces fonctions que l'amalgame des effets du produit utilisé qui est à l'origine d'une consommation multiforme : il est fréquent qu'une telle manie soit en fait la conséquence de l'utilisation de substances intervenant dans le cadre d'une thérapeutique initialement prescrite par un praticien. L'écrivain britannique Thomas De Quincey est ainsi devenu toxicomane après avoir pris goût aux médications à base d'opium qu'il avait absorbées dès 1805 pour soigner ses névralgies faciales. Il tripla même ses doses quelques années plus tard. Près de deux ans de lutte auront été nécessaires pour qu'il parvienne à se détacher de cette « chaîne maudite ». Il s'agit là d'un cas parmi beaucoup d'autres. Cependant, le sens du mot « drogue » s'est élargi avec le temps, ce qui a amené les spécialistes à préférer les termes de « substances psychoactives », qui permettent de renvoyer indifféremment à des substances d'origine naturelle, semi-synthétique ou synthétique.

La classification des produits

Des chercheurs et d'éminents spécialistes ont établi plusieurs classifications visant à déterminer et différencier les effets engendrés par les substances psychoactives les plus répandues. Pour notre propos, nous retiendrons la classification suivante établie à partir de l'origine du produit.

Les produits d'origine naturelle (plantes ou arbustes)
• L'opium et ses dérivés obtenus à partir du latex du pavot somnifère *(papaver somniferum L.)*. • Le *cannabis sativa L.* et ses dérivés que l'on trouve sous forme d'herbe ou de résine. • Le khat *(catha edulis)*. • La feuille de coca et ses dérivés. • Les plantes hallucinogènes.
Les produits semi-synthétiques (obtenus chimiquement à partir d'une plante) ou synthétiques (de constitution purement chimique)
• Le LSD 25 (acide lysergique). • La mescaline (alcaloïde du peyotl). • La psilocybine (alcaloïde du *psilocybe mexicana*). • L'héroïne, la morphine, etc. • Les médicaments détournés de leur usage thérapeutique normal (amphétamines, barbituriques) ou les substances psychotropes produites en laboratoire clandestin (DMT, PMA, etc.). • Les solvants volatils et autres produits toxiques.

Les effets de ces produits psychoactifs et leurs dangers varient selon leur nature, leur qualité et l'état de l'organisme de celui qui les absorbe. Compte tenu du danger présenté par la grande majorité de ces produits, il a été nécessaire de les classer par voie légale ou réglementaire afin d'en contrôler la production, le commerce et l'utilisation. Ce sont essentiellement les produits pharmaceutiques qui font l'objet de telles classifications; d'autres substances comme les solvants qui entrent dans le cadre d'une pratique toxicomaniaque ne font l'objet d'aucune restriction d'utilisation, comme nous le développons plus loin. Il existe en France des « substances classées par voie réglementaire » comme « substances vénéneuses » selon les termes de l'article R. 5149 du Code de la santé publique. Certains des produits destinés à la désinfection ou au nettoyage industriel ou domestique, non soumis au régime des substances destinées à la médecine, constituent ponctuellement la base d'une nouvelle forme de toxicomanie dont les adeptes ne sont, en fait, que des adolescents voire des enfants parfois âgés de moins de dix ans. Le commerce illicite, l'emploi détourné de certaines substances classées par voie réglementaire sont frappés de sanctions. La loi n° 70-1320 du 31 décembre 1970 « relative aux mesures sanitaires de lutte contre la toxicomanie et à la répression du trafic et de l'usage illicite des substances vénéneuses » prévoit un certain nombre de mesures applicables à l'encontre des usagers et trafiquants de drogues.

De nombreux produits « licites », en vente libre, détournés de leur usage normal à des fins toxicomaniaques (les solvants, l'essence, les colles ou d'autres produits domestiques) deviennent tout particulièrement dangereux lorsqu'ils sont assimilés par l'organisme. Dans son ouvrage pratique *Les Dangers des produits domestiques,* J.-P. Frejaville met en avant les différents dangers des aérosols, alcools, antigels et détachants pour ne citer que ceux-là. La plupart du temps, l'enfant ou l'adolescent utilise ce produit sans avoir conscience des conséquences, parfois irréversibles, auxquelles malheureusement il s'expose.

Le législateur a rédigé un certain nombre de textes qui permettent de mieux contrôler l'acquisition et l'usage de substances psychoactives ou d'autres produits semblables susceptibles de porter préjudice à la santé publique (l'opium, la morphine, l'héroïne, la cocaïne, le cannabis ou encore des substances hallucinogènes d'origine naturelle ou synthétique). Mais il convient de ne pas oublier l'existence d'autres produits moins connus, parfois plus dangereux, pouvant provoquer des lésions irréversibles chez celui qui en use. Ceux-là sont des produits « licites » vendus dans des grandes surfaces ou des petits commerces spécialisés comme les drogueries par exemple. Il n'est donc pas possible de mettre sur pied une quelconque réglementation dans de tels cas ; il est en effet inenvisageable de rendre une autorisation officielle nécessaire pour l'acquisition ou la détention de produits ménagers.

Ce sont les parents qui doivent eux-mêmes « réglementer » l'usage de ces produits en les mettant hors de portée de leurs enfants, en les éduquant et en les prévenant des dangers qu'ils constituent pour l'organisme.

Les principaux produits

Les drogues et produits toxiques principalement rencontrés chez le toxicomane sont les suivants :

• *Les stupéfiants.* Ce sont les opiacés (opium, morphine, héroïne...), la cocaïne, le cannabis et ses dérivés, le khat, le LSD, le peyotl, la mescaline, le psilocybe, les hallucinogènes naturels ou synthétiques et quelques médicaments classés comme stupéfiants. Ce sont les plus connus du grand public.

• *Les substances vénéneuses non classées stupéfiants.* Ce sont principalement les préparations pharmaceutiques vendues en pharmacies ou destinées au commerce et à l'industrie. Elles peuvent être détournées de leur usage courant à des fins toxicomaniaques soit par l'utilisateur légitime qui en abuse, soit par une tierce personne qui, s'agissant notamment de médicaments, en consomme sans ordonnance. Ce produit, en particulier, peut être obtenu soit à l'aide d'ordonnances dérobées ou illégalement constituées, soit par le biais d'infractions diverses (vols, agressions...).

Ces médicaments seront consommés seuls ou mélangés à d'autres produits (notamment à de l'alcool). Les toxicomanes de produits stupéfiants en consomment de temps à autre pour changer de produit, souvent pour atténuer leur « état de manque » lorsque leur drogue habituelle n'est pas disponible. Certains adolescents en consomment à l'insu des parents qui les leur laissent parfois à portée de main, ce qui demeure à l'origine d'accidents graves.

• *Les solvants ou autres produits à usage domestique.* Acquis librement par tous les citoyens et parfois réglementés pour protéger l'enfance, ils peuvent être l'objet de la convoitise de jeunes inconscients, curieux, enclins à une conduite toxicomaniaque. La consommation de solvants ouvre malheureusement souvent une phase de « pré-toxicomanie » dangereuse, parfois mortelle, comme en témoignent quelques sinistres affaires. Cette pratique connaît actuellement une augmentation, notamment chez les enfants et les adolescents, ce d'autant que le produit, facilement accessible, est généralement d'un coût peu élevé.

Les produits les plus utilisés par les toxicomanes

- Le cannabis.
- Les opiacés.
- La cocaïne.
- L'ergot de seigle et le LSD 25.
- Le peyotl et la mescaline.
- Quelques champignons hallucinogènes.
- Le khat.
- Les amphétamines.
- Les barbituriques.
- D'autres produits et substances psychotropes.
- Les solvants et autres toxiques domestiques.

Les différents modes de consommation

Les coutumes, les habitudes et les circonstances influent sur les modes de consommation des stupéfiants ou des autres drogues.

Les pratiques toxicomaniaques diffèrent également selon les natures des produits, leurs présentations et la rapidité des effets recherchés par l'utilisateur. Les stupéfiants et autres drogues peuvent être variablement :

- fumés,
- inhalés,
- ingérés (mangés ou bus),
- injectés,
- ou encore utilisés par d'autres moyens.

Les produits fumés. — L'opium est fumé depuis des siècles dans les pays d'Orient, dans un cadre souvent cérémonieux qui demande un minimum d'appareillage (pipe, lampe, aiguilles spéciales...). Cette mode qui a connu ses heures de gloire à la fin du XIXe siècle et au début du XXe siècle a notablement marqué les œuvres de nombreux écrivains comme Pierre Loti ou Claude Farrère. Durant la guerre d'Indochine, les soldats français ont pu découvrir cette pratique et s'y adonner ; quelques-uns d'entre eux n'ont jamais pu par la suite s'en passer. Les GI, au Vietnam, tomberont dans le même piège.

En Extrême-Orient, on va « à la chasse au dragon » ou « jouer de l'harmonica » : « On mélange des granules d'héroïne à une poudre de base, en général du véronal. On place ensuite le mélange dans un petit morceau de papier d'étain plié que l'on chauffe à la flamme d'une bougie et l'on aspire la fumée dégagée de ce mélange à travers un petit tube de bambou ou de papier. La fumée monte ou descend suivant les mouvements de la poudre en fusion rappelant les ondulations de la queue du dragon de la mythologie chinoise. L'emploi du petit tube est souvent inefficace et on le remplace la plupart du temps par le couvercle d'une boîte d'allumettes. C'est alors que l'on a réellement l'air de “jouer de l'harmonica”, d'où le nom de cette méthode...» « Une autre version, moins courante, consiste à enfoncer quelques granules d'héroïne au bout d'une cigarette que le fumeur fume en la tenant à la verticale.»[1] En France, l'héroïne se fume principalement avec des cigarettes préalablement préparées.

En Amérique du Sud, la mode qui consiste à fumer la *« pasta »* (sulfate de cocaïne) s'accompagne d'effets catastrophiques. « Cette nouveauté a de graves conséquences psychopathologiques et engendrerait une réelle dépendance. Ce n'est pas par hasard que cette forme nouvelle de toxicomanie s'est déclarée en Amérique du Sud. L'usage de la cocaïne pure ou mélangée à de l'alcool, des amphétamines, des benzodiazépines, de la métaqualone, des hallucinogènes ou du cannabis y est très répandu.»(2) Le sulfate de cocaïne est également connu et répandu aux États-Unis sous le nom de *« crack »* (ou *« crak »*) depuis 1984-1985.

Le cannabis est principalement consommé sous forme de joint (cigarette fermée aux deux extrémités par un papier torsadé) ou à l'aide d'une pipe; il est fumé sous forme d'herbe (« marijuana »), de résine (« haschisch ») ou d'huile.

Un certain nombre d'hallucinogènes d'origine naturelle sont par ailleurs fumés dans des tribus d'Afrique, d'Amérique ou d'Asie. Ces habitudes s'inscrivent dans des coutumes ancestrales, suivant un contrôle social bien établi qui permet de tenir les jeunes à l'écart de ces pratiques qui se perpétuent cependant et donnent lieu à des cérémonies spécifiques. Le khat quant à lui est fumé dans certains pays d'Afrique, soit seul, soit mélangé à du tabac.

Des produits hallucinogènes d'origine synthétique sont également fumés aujourd'hui par des toxicomanes : il s'agit du DMT (dymethyltryptamine) et du PCP (phencyclidine).

Les produits inhalés. — Les stupéfiants inhalés, reniflés ou « sniffés » sont variés. Le produit « sniffé » par excellence demeure la cocaïne. Les toxicomanes « tirent leurs lignes » et « sniffent » à l'aide d'une paille afin de ne rien perdre et d'absorber le plus complètement possible la dose aspirée, contre les parois de la cloison nasale; le produit ainsi placé sur les muqueuses passe dans l'appareil circulatoire où il va rapidement agir.

L'héroïne est également « sniffée » par des toxicomanes accrochés qui préfèrent éviter les dangers liés à l'utilisation d'une seringue. D'autres « sniffent » de temps en temps de l'héroïne, tout en continuant les injections. La mescaline également peut être inhalée : le bouton de la cactée, préalablement coupé, est brûlé ; la fumée produite est alors reniflée par l'utilisateur. Des produits hallucinogènes d'origine synthétique enfin peuvent être « sniffés » ; il s'agit principalement du PCP (phencyclidine) et du MDA. Le LSD peut être également inhalé.

Les produits ingérés. — Les stupéfiants ou autres drogues peuvent être mangés ou bus. En Afrique du Nord, par exemple, le haschisch était (et est toujours) mangé avec des pâtisseries et des plats locaux, en petite quantité. L'opium peut également être ingéré seul, ou mélangé à d'autres produits comme le khat. Les graines de pavot constituent encore à l'heure actuelle l'un des ingrédients nécessaires à la préparation de pâtisseries dans l'Est et le Nord-Est de notre pays, ce qui ne constitue pas, soulignons-le, une pratique toxicomaniaque. La feuille de coca et la feuille de khat sont mâchées lorsqu'elles sont fraîches, la première par les indigènes des pays andins, et la seconde par ceux de la Corne de l'Afrique. La mastication de la feuille mélangée à de la chaux permet d'absorber les alcaloïdes des produits consommés dont certains sont avalés.

Des « tranches » de peyotl ou des lamelles de psilocybes encore sont consommées par les Indiens d'Amérique centrale ou des membres de « sectes syncrétistes » aux États-Unis.

Divers produits stupéfiants ou substances psychotropes d'origine semi-synthétique ou synthétique sont également mangés ou avalés par des toxicomanes : le LSD, les amphétamines, les barbituriques, la mescaline, la psilocybine, le PCP, le STP, le MDA, le PMA, le TMA, pour ne citer que les plus connus. Le DMT peut être absorbé mélangé à du thé. Il arrive également que des solvants volatils ou de l'éther soient bus par des toxicomanes inconscients. L'absorption de breuvages dans lesquels interviennent des substances médicamenteuses, des stupéfiants mélangés à de l'alcool, est fréquente dans certains milieux de toxicomanes.

Les produits injectés. — Les trois modes d'injection principalement connus sont :

- l'injection sous-cutanée (morphine...),

- l'injection intramusculaire (morphine, héroïne...),
- l'injection intraveineuse (opium, héroïne, cocaïne, amphétamine, barbiturique, LSD...).

Dans certains pays du Moyen-Orient et d'Extrême-Orient, des préparations spéciales d'opium permettent l'injection de ce produit dans l'organisme à l'aide de seringues. La morphine et l'héroïne sont principalement injectées par voie intraveineuse, ce procédé accélérant le processus de déclenchement des effets dans le corps. La codéine, l'hydromorphone, la mépéridine et la méthadone peuvent être absorbés par injection du même type. La cocaïne s'injecte parfois à l'aide de seringues hypodermiques, seule ou mélangée à de l'héroïne. Le LSD 25, les amphétamines, les méthamphétamines, les barbituriques et beaucoup d'autres dépresseurs ainsi que le STP, le PCP, la mescaline, le DMT, le MDA, le TMA et la psilocybine sont des produits consommés par voie intraveineuse.

Pour dissoudre son produit, il est fréquent que le toxicomane ait recours à de l'eau sale récupérée parfois dans des caniveaux ou des cuvettes de WC ; d'autre part, il arrive souvent que des pharmacodépendants utilisent des seringues hypodermiques usagées et infectées pour s'injecter la drogue. On comprend aisément que l'injection puisse présenter toutes sortes de risques très graves voire mortels en de telles circonstances. Notons que les dispositions du décret n° 87-328 du 13 mai 1987 permettent à une personne majeure d'acquérir des seringues sans avoir recours à l'ordonnance d'un médecin. Les spécialistes espèrent ainsi enrayer les cas d'hépatites et autres complications provenant de l'utilisation de seringues usagées.

Autres. — Il arrive que des toxicomanes cherchent à varier les effets d'une drogue en posant la dose sur des muqueuses autres que celles du nez ; des usagers déposent ainsi le stupéfiant (cocaïne, héroïne...) sur l'anus par exemple de façon à être le plus difficilement détecté par les forces de police. Il est fréquent de rencontrer des toxicomanes qui s'injectent encore leur produit sous la langue, sous la paupière, sous les ongles des pieds, de façon à voiler les points des piqûres aux investigations des enquêteurs.

La pratique des mélanges toxicomaniaques se développe malheureusement de façon endémique aujourd'hui, chacun essayant ses propres « recettes » pour « mieux voyager », sombrant un peu plus dans l'enfer de la drogue.

Les étapes vers la pharmacodépendance

Les experts assurent qu'il existe une chronologie dans les étapes successivement suivies par un consommateur de stupéfiants. La progression sur le chemin toxicomaniaque est ainsi ponctuée d'étapes chaque fois plus inquiétantes.

• *La prise.*

• *La tolérance.* Selon l'Organisation mondiale de la santé, la tolérance se définit par « l'adaptation de l'organisme aux effets d'une drogue, impliquant la nécessité d'augmenter les doses pour obtenir des effets d'ampleur constante »(3). Le toxicomane est ainsi enclin à consommer des doses de plus en plus fortes, car son organisme le lui commande pour obtenir un résultat comparable à celui de la précédente expérience. Cette tolérance « résulte des processus d'adaptation de l'organisme mis en contact répété avec une substance chimique étrangère et se traduit par un affaiblissement progressif des effets de celle-ci »(4).

• *L'accoutumance.* C'est le « processus par lequel l'organisme devient insensible à l'action d'un médicament ou d'un poison, à la suite de l'administration de quantités d'abord faibles et inactives, puis progressivement croissantes de celui-ci ». L'accoutumance toxicomaniaque comporte « une dépendance psychique (assuétude) du sujet vis-à-vis du toxique, mais non une dépendance physique, c'est-à-dire l'obligation de répéter les doses pour faire disparaître les troubles qui se manifestent quand la drogue a cessé d'agir »(5). Cette répétition de la consommation de stupéfiants plonge le consommateur dans un état qu'il va chercher à tout prix à conserver ou prolonger. À ce stade, selon l'OMS, l'abstinence ne provoque pas de troubles désagréables ou dangereux.

• *L'assuétude.* Il s'agit d'une « dépendance psychique du toxicomane envers son toxique qui le pousse à rechercher celui-ci, à en répéter les prises à doses croissantes pour assurer son bien-être et apaiser l'anxiété qu'il ressent à la pensée d'en être privé »[(6)]. Selon le rapport Pelletier, « l'assuétude s'oppose à l'accoutumance par la dualité de la dépendance psychique et physique, par l'apparition du phénomène de manque plus ou moins dramatique lors d'un sevrage, par le caractère urgent, absolu, du besoin de drogue, non pas pour jouir, mais pour ne pas souffrir »[(7)].

• *La dépendance.* C'est le fait pour une personne de ne plus pouvoir se passer d'un produit ou d'une substance médicamenteuse considérée comme dangereuse pour son organisme. Deux types de dépendance peuvent exister, associés ou non, selon la nature, la qualité et la quantité des produits consommés : la dépendance psychique et la dépendance physique.

La dépendance psychique ou psychologique se caractérise par l'apparition de troubles et d'un certain mal-être chez l'usager habituel de stupéfiants qui a cessé de consommer son produit toxique depuis plus ou moins longtemps. Une certaine apathie, des angoisses apparaissent chez l'usager, constituant le syndrome de sevrage psychologique.

Dans les cas de dépendance physique ou physiologique, les troubles ne se manifestent pas seulement « dans la tête », si l'on peut dire ; des troubles physiques apparaissent chez le toxicomane qui ne prend plus sa dose ; ces troubles physiques constituent le syndrome de sevrage physique.

La dépendance psychologique peut naître à partir de n'importe quel produit stupéfiant habituellement consommé (l'opium, la morphine, la codéine, l'héroïne, des morphiniques de synthèse, la cocaïne, le cannabis et ses dérivés, les barbituriques, les amphétamines, le LSD, le khat, les hallucinogènes de synthèse, les solvants volatils et assimilés...).

La dépendance physiologique quant à elle peut être une conséquence de l'utilisation de l'opium et des dérivés opiacés, de la *pasta* (sulfate de cocaïne), des barbituriques et de certains autres dépresseurs, voire dans certains cas de dérivés de *cannabis sativa L.* Nous passons volontairement sous silence le tabac (qui peut entraîner une dépendance psychologique) et l'alcool (des dépendances psychologique et physiologique) qui n'entrent pas directement dans le cadre de notre étude.

La pharmacodépendance

Selon l'Organisation mondiale de la santé, « la toxicomanie est un état d'intoxication périodique nuisible à l'individu et à la société provoqué par la consommation répétée d'une drogue (naturelle ou synthétique). Parmi ses caractéristiques, notons un désir accablant ou besoin (obligation) de continuer à prendre de la drogue et d'en obtenir par tous les moyens, une tendance à augmenter la dose, une dépendance psychique (psychologique et parfois physique) aux effets de la drogue.»(8) « Quiconque, à partir d'un produit de base, fait l'escalade vers un ou d'autres produits et l'utilise quotidiennement ou quasi quotidiennement » est par définition un toxicomane selon le Dr Olievenstein(9).

Les Drs Marc Valleur, Alain Debourg et Jean-Claude Matysiak, dans leur ouvrage *La Drogue sans poudre aux yeux,* proposent quant à eux que l'on définisse comme toxicomane « tout sujet dont l'existence est subordonnée à la recherche des effets produits sur son corps et sur son esprit par la prise d'une substance plus ou moins toxique »(10). Pour le Dr L. Houvnanian, « la toxicomanie est d'abord et avant tout la rencontre d'un individu normal et d'un produit toxique qui aliène son libre-arbitre et en fait peu à peu un esclave, une épave. Le mal de vivre du drogué, son inadaptation à la société, son désintérêt de la famille et de l'école ne sont pour 95 % d'entre eux que la conséquence de leur intoxication.»(11)

Cet « usage habituel et excessif, nuisible pour l'individu et la société, de substances ou de médicaments toxiques (opium, morphine, héroïne, cocaïne, barbiturique, etc.) »(12), est plus scientifiquement contenu dans le terme de « pharmacodépendance ». « La pharmacodépendance correspond à un état psychique, et quelquefois également physique, résultant de l'interaction entre un organisme vivant et une drogue, se caractérisant par des modifications du comportement et par d'autres réactions, qui comprennent toujours une pulsion à prendre la drogue de façon continue ou périodique afin de retrouver ses effets psychiques et quelquefois d'éviter le malaise de la privation. Cet état peut s'accompagner ou non de tolérance. Un même individu peut être dépendant de plusieurs drogues.»[(13)] La pharmacodépendance entraîne ainsi un grand nombre de troubles sur l'organisme humain, de la maladie à la mort.

Les effets des drogues

Quel que soit le produit stupéfiant (ou assimilé) employé, les effets balisent généralement un même parcours argotiquement appelé « *trip* » ou « voyage ».

La durée des effets d'une drogue varie selon sa nature, sa qualité et sa quantité. L'état de santé du consommateur jouera également un rôle important dans l'expérience de la drogue. Trois étapes sont à distinguer dans l'aventure toxicomaniaque.

- Le « flash » (déclenchement du processus actif après absorption du produit).
- Le « *trip* » (voyage qui dure plus ou moins longtemps).
- La « descente » (fin du voyage et retour à la réalité).

Le temps du voyage varie selon les produits utilisés et la personnalité de celui qui les utilise. Dans le cadre des drogues injectées, la phase dite « du plaisir » intervient au moment du « flash », moment de jouissance extrême, véritable orgasme indescriptible selon les « accros ». Les bienfaits hallucinatoires deviennent moins intenses mais plus soutenus durant la deuxième phase que constitue le « voyage ». Le plaisir provient par ailleurs d'une certaine « complicité » entre les différents usagers ; l'état d'esprit de chacun, l'endroit et l'ambiance du moment sont des paramètres qui jouent considérablement sur « la coloration musicale » du voyage.

Selon les spécialistes, cette notion de « plaisir intense » reste exclusivement liée aux drogues assimilées après injection. De nombreux auteurs ont décrit de façon plus ou moins poétique ces terribles voyages durant lesquels ils vécurent des « délices éphémères, trompeurs et funestes ». C'est que, lors de la dernière phase, la « descente », certains troubles apparaissent d'abord timidement pour devenir difficilement supportables au fur et à mesure que le retour à la réalité se fait plus évident. Le toxicomane prend alors rapidement conscience de la nécessité de renouveler son voyage, de reprendre « un billet » pour « repartir », c'est ainsi qu'il entre dans un cycle infernal qu'il lui sera impossible de quitter seul dans la grande majorité des cas.

Les décès

En 1997, 228 cas de décès liés à l'usage de drogues ont été enregistrés par les services répressifs. Selon les statistiques de l'Office central pour la répression du trafic illicite des stupéfiants (OCRTIS), alors qu'entre 1969 (1 décès enregistré) et 1984 (237 décès), le nombre de décès n'a cessé d'augmenter, une légère diminution est enregistrée en 1985 (172 décès) pour croître à nouveau jusqu'en 1992 (499 décès). Après une légère diminution en 1993 (454 décès), le record est battu en 1994 (564 décès) pour ensuite diminuer jusqu'en 1997.

Les statistiques de l'OCRTIS restent, en fait, très approximatives car un grand nombre de centres hospitaliers ou spécialisés ainsi que des médecins de famille se refusent à fournir des renseignements concernant des décès causés par un comportement toxicomaniaque, souvent par sympathie vis-à-vis des parents ou des proches éprouvés. Il est très probable que le nombre total de décès dus à la drogue soit supérieur à ces statistiques qui n'intègrent pas non plus le nombre de Français morts pour les mêmes raisons à l'étranger (11 cas recensés en 1997).

Le décès peut être consécutif à une overdose ou à l'inverse à un manque. Une utilisation trop importante de drogue ou une dose trop forte d'un ou de plusieurs produits mélangés sont à l'origine de la majorité de ces décès. Les fluctuations du marché illicite de stupéfiants provoquent parfois l'arrivage de produits dont la pureté supérieure surprend l'organisme du toxicomane habitué au même produit plus coupé ou dilué. Le changement de revendeur peut également être à l'origine d'un décès provoqué par un produit mal coupé. Certaines substances, très dangereuses et non contrôlables, peuvent encore mener directement au décès. La mort peut également survenir par manque, notamment chez les utilisateurs de barbituriques.

Les dix départements français les plus touchés, représentant près de 70 % du total, sont Paris (38 décès), le Nord (28), les Hauts-de-Seine (21), la Seine-Saint-Denis (20), le Val-de-Marne (10), les Yvelines (10), les Bouches-du-Rhône (9), le Val-d'Oise (8), l'Essonne (8), le Haut-Rhin (7).

Le nombre de morts de sexe masculin (200) est en diminution de 43,18 % ; la mortalité féminine est également en diminution de 24,56 %, mais elle devient proportionnellement plus importante en 1997 (18,86 %) qu'en 1996 (14,50 %).

L'éventail des produits

1

Les produits stupéfiants

Le cannabis

Aperçu historique. — L'usage du cannabis remonte à la nuit des temps. Le document le plus ancien a faire état du chanvre indien est un traité de botanique d'Extrême-Orient qui date du XVe siècle avant notre ère dans lequel cette plante est décrite sous deux formes, l'une produisant des graines et l'autre uniquement des fleurs.

Selon Alphonse de Candolle (1806-1893), qui fut le premier à étudier l'origine des plantes cultivées, « l'espèce a été trouvée sauvage, d'une manière certaine, au midi de la mer Caspienne, en Sibérie, près de l'Irtysch, dans le désert des Kirghiz, au-delà du lac Baical, en Daourie (gouvernement d'Irkutsk). Les auteurs l'indiquent dans toute la Russie méridionale et moyenne, et au midi du Caucase, mais la qualité spontanée y est moins sûre, attendu que ces pays sont peuplés et que les graines de chanvre peuvent se répandre aisément hors jardins. L'ancienneté de la culture en Chine me fait croire que l'habitation s'étend assez loin vers l'est, quoique les botanistes ne l'aient pas encore constatée.»[(14)]

Le *cannabis sativa L.* s'est répandu rapidement vers le Sud-Est asiatique et l'Inde où ses effets hallucinogènes ont été appréciés très tôt par les habitants. Le cannabis, connu des peuples du Nord-Est asiatique depuis plus de quatre mille ans, semble être en fait aux Orientaux ce que fut le lin aux Méditerranéens et le coton aux Indiens.

L'utilisation du cannabis est par ailleurs mentionnée dans divers écrits gréco-romains. « Les Scythes jettent sur des pierres rougies au feu de la graine de chanvre qu'ils ont apportée, écrit Hérodote ; elle fume aussitôt et répand une vapeur aussi abondante que celle d'une étuve grecque. Cette vapeur excite les Scythes au point qu'ils en poussent des cris de contentement.» Cette plante est prescrite comme sédatif des douleurs rhumatismales et de la goutte dans la pharmacopée de l'empereur chinois Shen Nung en 2737 avant notre ère.

C'est également un peu avant notre ère que les pouvoirs enivrants et hallucinogènes de cette « herbe sacrée » en Inde sont utilisés par les religieux désireux d'atteindre « l'union avec les divinités » au cours de rites et de cérémonies. « L'ignorance où étaient les anciens habitants de l'Inde de l'opium et du tabac, écrit Charles Joret, a dû leur faire adopter d'autant plus facilement l'usage du haschisch et du bétel.»(15)

Les conquêtes et les invasions arabes notamment favorisent l'expansion de cette plante en Afrique du Nord, après avoir été importée au Moyen-Orient pour y être cultivée et largement consommée. L'Égypte puis l'Espagne connaîtront plus tard cette plante, principalement usitée en médecine. Vers le XIIIe siècle, le monde arabe fera connaître cette plante aux habitants de la Corne d'Afrique, jusqu'en dessous de l'actuelle Tanzanie avant de gagner le centre puis l'Ouest de l'Afrique. Des esclaves africains et espagnols introduiront à leur tour, mais beaucoup plus tard, la culture et l'usage du cannabis en Amérique du Sud et en Amérique centrale.

Ce n'est que vers le XVIe siècle que l'on commence à connaître les propriétés du *cannabis sativa L.* en Europe. C'est la période des grandes découvertes, des aventuriers et voyageurs naturalistes qui rapportent dans leurs écrits d'intéressantes constatations et divers témoignages sur la culture et l'utilisation de ce produit dans divers pays. Des chercheurs vont même jusqu'à lancer leurs propres expériences avec du cannabis, tels Kaempfer en 1692 puis plus tard Moreau de Tours qui publie *Du haschich et de l'aliénation mentale* en 1840, une étude de l'action du cannabis sur les facultés mentales de l'homme où il assimile « ivresse haschischique » et « folie provoquée.»(16)

Préconisé en médecine occidentale par Sir W. O'Shaghnessy Brooke en 1839 dans les traitements contre la rage, le rhumatisme, l'épilepsie et le tétanos, l'usage du cannabis en thérapeutique moderne tombera rapidement en désuétude dans nos pays industrialisés. La culture du chanvre à des fins médicinales a cependant bien existé ; le Dr Louis Lewin note dans son *Phantastica* que « la culture du chanvre a été organisée depuis 1917 en Allemagne pour les besoins de la médecine. S'il arrivait qu'elle fournisse un haschisch utilisable pour des fins non médicales, cela pourrait susciter de nouveaux toxicomanes.»(17) L'expansion de la toxicomanie au cannabis montre hélas qu'il n'avait que trop raison.

Au XIXe siècle, un certain nombre d'écrivains et de poètes en font l'éloge ; la consommation du haschisch est alors à la mode ; avec Théophile Gautier (fondateur du Club des haschichins à Paris) le haschisch va connaître son heure de gloire. Paul Verlaine, Charles Baudelaire et d'autres poètes de la même époque, se feront, avec Théophile Gautier, les apôtres de ce produit permettant d'accéder aux « paradis artificiels ». Les textes où le fantastique, l'extraordinaire et le paradoxe se donnent la main ainsi ne manquent pas chez ceux qui ont goûté et consommé ce stupéfiant.

Ce n'est qu'après la seconde guerre mondiale que l'« épidémie galopante » du cannabis et de ses dérivés connaîtra un renouveau sans précédent, d'abord aux États-Unis puis en Europe. Le cannabis devient « l'herbe sacrée » des mouvements hippy et rasta dans les années soixante. Cette mode va très rapidement inonder le globe et aujourd'hui, quoi que l'on en dise, le cannabis constitue indéniablement la drogue la plus commune et aussi, souvent, le point de départ de la chute toxicomaniaque.

Chaque année, les pays ayant ratifié les termes de la Convention unique sur les stupéfiants de 1961 adressent à l'Organe international de contrôle des stupéfiants (OICS) une évaluation des besoins en stupéfiants (et en particulier en cannabis). En dehors de cette utilisation scientifique, la production et l'emploi du cannabis d'une variété différente de celle utilisée pour ses fibres relèvent exclusivement du trafic illicite des stupéfiants.

La plante. — Si la classification du cannabis est toujours discutée, si certains systématiciens reconnaissent en particulier deux ou trois espèces (*cannabis sativa, cannabis indica* et *cannabis ruderalis*), la plupart des botanistes le considère malgré tout comme une espèce unique, instable, comprenant environ une centaine de variétés ou de races. Ernest Small, éminent botaniste, a quant à lui analysé et déterminé trois sortes de plantes.

- Les plantes « intoxicantes » qui sont presque toujours originaires de pays méridionaux (Afrique, Asie méridionale et Amérique centrale). La substance active de ces plantes est principalement le delta 9 tétrahydrocannabinol (THC). Les plantes de ce type ont besoin d'une période assez longue pour parvenir à maturité. Les plants mâles et femelles sont tous riches en substance psychoactive de manière égale.
- Les plantes « semi-intoxicantes » qui sont originaires des pays septentrionaux en général. Elles parviennent assez rapidement à maturité. Les plantes femelles sont beaucoup plus riches en résine que les plantes mâles ; la teneur en THC est peu élevée. Cependant, les plants femelles détiennent assez de résine pour être employés comme « drogue intoxicante ». Il s'agit peut-être d'une hybridation entre les « intoxicantes » et les « non intoxicantes ».
- Les plantes « non intoxicantes » dont la teneur en THC est également peu élevée.

La Convention unique sur les stupéfiants de 1961 stipule dans son article premier que :

- le terme « cannabis » désigne les sommités florifères ou fructifères de la plante de cannabis (à l'exclusion des graines et des feuilles qui ne sont pas accompagnées de sommités) dont la résine n'a pas été extraite, quelle que soit leur application ;
- l'expression « plante de cannabis » désigne toute plante du genre cannabis ;

• l'expression « résine de cannabis » désigne la résine séparée, brute ou purifiée, obtenue à partir de la plante de cannabis.

Dans le *Commentaire sur la Convention unique sur les stupéfiants de 1961*, on relève des précisions à ce sujet qui sont fort intéressantes : « Le cannabis est un "stupéfiant" au sens de la Convention unique. Le terme "cannabis" remplace dans la Convention unique l'expression "chanvre indien" qu'employaient les traités antérieurs relatifs aux stupéfiants. [...] En effet, le terme "cannabis" englobe toutes les sommités de cette plante, y compris celles qui ne sont pas encore séchées, aussi bien que celles de la plante mâle.» C'est par souci pratique que les auteurs de la Convention unique ont tenu « à faire rentrer dans la définition les plantes mâles aussi, même si elles devaient se révéler moins riches en principe actif [...], pour faciliter la tâche des agents des services de répression à qui il serait le plus souvent impossible ou, à tout le moins, fort difficile de dire si la matière examinée provient de plantes femelles ou de plantes mâles.»(18)

Cette difficulté devient pour le coup insurmontable si la plante rencontrée est « monoïque » (c'est-à-dire si elle porte à la fois des fleurs mâles et des fleurs femelles sur le même pied). Ainsi la distinction entre plante dioïque (avec des fleurs mâles et des fleurs femelles sur des pieds différents) et plante monoïque, unisexuée, ne doit pas inquiéter l'agent chargé du service de la répression lorsqu'il rencontre du cannabis. « D'après les études plus récentes, entreprises après l'adoption de la Convention unique, il semblerait que plantes mâles et plantes femelles aient une teneur analogue en cannabinols par poids de matière constituée par les plantes fraîches ; mais les plantes femelles parvenues à maturité ont un feuillage plus abondant que les plantes mâles et, de ce fait, renferment davantage de cannabinols. [...] La plante de cannabis est dioïque, en d'autres termes les fleurs unisexuées, mâles et femelles, se trouvent sur des pieds séparés. Or, on aurait découvert de rares spécimens monoïques, c'est-à-dire des plantes de cannabis toujours à fleurs unisexuées, mais où chaque pied porte à la fois des fleurs mâles et des fleurs femelles. Les sommités de ces rares plantes monoïques seraient également comprises dans la définition du cannabis que donne la Convention unique.»[19]

Dans la pratique, les producteurs et trafiquants de cannabis ne se préoccupent guère de cette distinction. Bien souvent, les plants mâles sont mélangés aux plants femelles afin d'obtenir beaucoup plus de produit à revendre sur le marché clandestin de la drogue. La différenciation entre plants dioïques et monoïques ne les intéresse pas non plus ni même, dans certaines circonstances, celle entre plantes intoxicantes, semi-intoxicantes et non intoxicantes. C'est d'abord le rendement qui compte pour le producteur qui souhaite tirer de sa production un maximum de bénéfices. Cette précision vaut tout autant pour la marijuana, pour le haschisch que pour la fabrication de résine de cannabis. Ce qui explique que les qualités de produits vendus par les trafiquants soient très variées.

Trois types de chanvre indien, *cannabis sativa L.*, sont à distinguer :

• Le chanvre type fibre (appelé également « chanvre commun »), est une plante originaire d'Asie, annuelle et herbacée, dont la culture permet d'obtenir la matière première pour faire des cordages. Cette plante est cultivée en France depuis des siècles, et le demeure aujourd'hui sous le contrôle du ministère de l'Agriculture. Sa teneur en delta 9 tétrahydrocannabinol (THC) est de 0,1 %. Il contient par ailleurs du cannabidiol.

• Le chanvre type drogue est cultivé pour les propriétés enivrantes de ses sommités fleuries ; de façon tout à fait illicite, bien entendu. Sa teneur en delta 9 tétrahydrocannabinol (THC) est d'environ 1 %. Absence de cannabidiol.

• Le chanvre dit « type intermédiaire » présente une forte teneur en delta 9 tétrahydrocannabinol (environ 5 %) et détient également du cannabidiol. On le trouve au Maroc, au Liban ainsi que dans d'autres pays du Bassin méditerranéen.

Les trafiquants de cannabis ne s'embarrassent cependant pas non plus de fines distinctions entre les différentes qualités de chanvre ; l'ensemble des produits de culture illicite est de toute façon destiné à honorer la demande des toxicomanes qui ne sont pas eux-mêmes toujours au fait de ce genre de subtilités.

La culture du *cannabis sativa L.* est strictement interdite en France, sauf dans des cas bien particuliers ; le cultivateur bénéficie alors d'une dérogation et se trouve placé sous le contrôle direct de l'État. Selon l'article R. 5166 du Code de la santé publique « sont interdits l'importation, l'exportation, la production, le commerce, l'utilisation et la détention du chanvre indien et des préparations en contenant ou fabriquées à partir du chanvre indien. On entend par "chanvre indien", pour l'application du présent code, les sommités florifères et fructifères de la plante femelle du *cannabis sativa* (urticacées cannabinées), variété dite indienne. Des dérogations aux dispositions du premier alinéa du présent article pourront être accordées aux fins de recherches scientifiques pour le ministre de la Santé publique et de la population.» La réglementation française considère de fait le cannabis ou chanvre indien, la résine de cannabis, les préparations galéniques du cannabis comme des produits stupéfiants.

Description botanique. — Le pied de cannabis est assez fin ; les fleurs et les feuilles apparaissent au sommet de la plante grêle. La tige droite, de 1,50 mètre de haut, digitée, légèrement pubescente, est creuse et cannelée. Sa feuille, très caractéristique, est palmiséquée et formée de trois à onze segments inégaux situés à l'extrémité d'un long pétiole.

Quelques éléments de chimie. — La composition chimique du cannabis est particulièrement complexe ; elle varie selon les variétés de cannabis rencontrées, notamment selon l'origine géographique du plant étudié. Certains scientifiques estiment que le cannabis recèle 426 composés chimiques dont 103 sont des terpines, des substances très irritantes pour les poumons.

Le cannabis contient des alcaloïdes, « des substances organiques azotées, généralement retirées des dicotylédones, à caractère nettement alcalin et formant des sels avec les acides. Les alcaloïdes sont généralement dotés de propriétés toxiques, souvent extraordinairement développées... »[20]

Plant monoïque de cannabis

Plant dioïque de cannabis (rameau femelle)

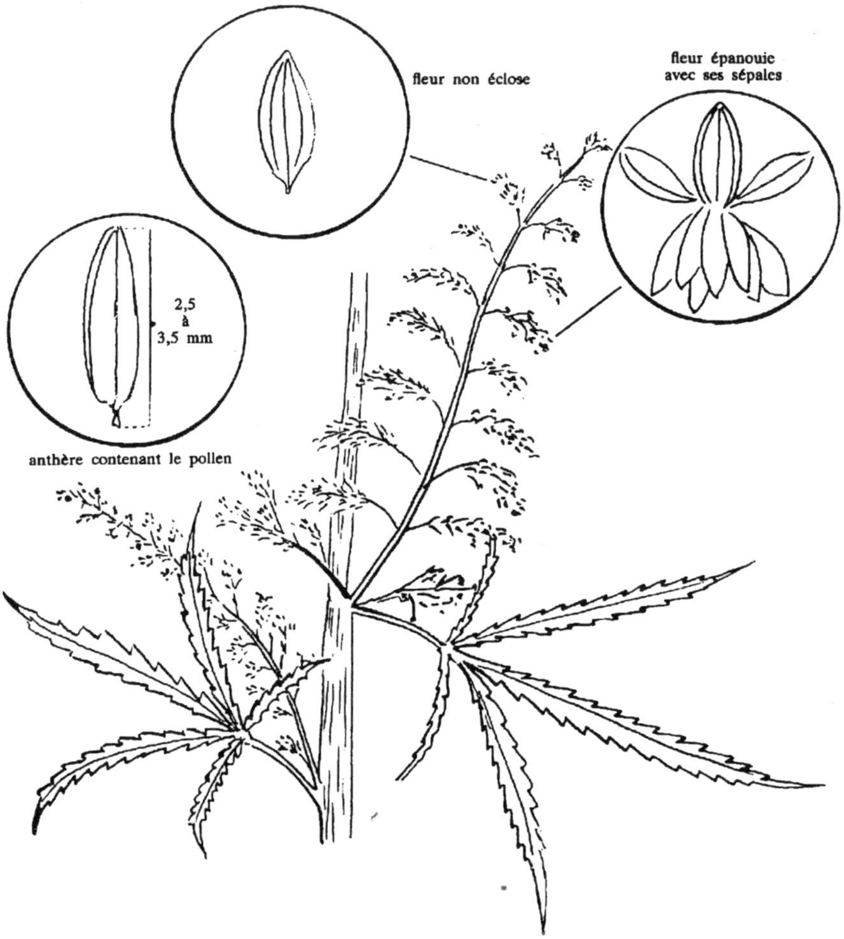

Plant dioïque de cannabis (rameau mâle)

Les alcaloïdes du cannabis sont appelés cannabinoïdes. Il en existe plus d'une cinquantaine, mais le plus actif est sans conteste le delta 9 tétrahydrocannabinol ou THC. Des recherches en laboratoire ont permis de déceler l'existence d'autres cannabinoïdes. Ces recherches scientifiques présentent un intérêt considérable dans la lutte contre le trafic illicite du cannabis, car elles permettent de déterminer l'origine géographique du produit clandestin et de réagir sur le plan international de façon plus efficace.

Formes et présentations du cannabis et de ses dérivés. — Il existe actuellement trois présentations possibles du cannabis sur le marché de la drogue :
• l'herbe (ou marijuana ou marihuana),
• la résine de cannabis (ou haschisch ou haschich),
• l'huile de cannabis.

La teneur en substance active, et principalement en delta 9 tétrahydrocannabinol, est variable selon la forme du produit.
• *L'herbe.* Il s'agit en fait des feuilles et des sommités fleuries des plantes femelles auxquelles on rajoute des inflorescences mâles; une fois cueillie, l'herbe est séchée puis utilisée comme telle, c'est-à-dire fumée, mélangée ou non à du tabac selon le goût de l'utilisateur. C'est la marijuana. Elle peut être également mangée, mélangée à des aliments, ou encore bue.

La teneur en THC diffère selon l'origine géographique du produit : elle peut aller de 0,1 % aux États-Unis jusqu'à 4 % dans des pays d'Afrique, d'Extrême-Orient ou d'Amérique centrale. De récentes saisies d'herbe en provenance de Colombie font état d'une teneur en THC de l'ordre de 8 %. Elle a été surnommée la *« gold »* ! Le cannabis rouge peut quant à lui présenter un taux de THC de l'ordre de 20 % !
• *La résine de cannabis* est une composition de sommités de plantes femelles à fleurs fécondées, engluées de résine. Ce sont en fait les parties de la plante où le taux de THC est le plus fort. Comme nous l'avons vu précédemment, des pieds mâles peuvent être également riches en substance active. C'est cette résine que

l'on nomme couramment « haschisch ». Deux sortes de résines sont à distinguer.

L'une est appelée « *ganja* » ou « *gunja* » en Inde ; elle peut être de trois variétés principales. Elle peut se présenter en masses aplaties *(flat-ganja)*. Les tiges et les inflorescences, liées en bottillons, sont alors foulées au pied, séchées à l'ombre, puis coupées en tronçons. Les masses agglutinées peuvent être roulées dans les mains en forme de fuseau *(round-ganja)*. Enfin, la résine peut donner une poudre grossière ne contenant que des inflorescences femelles plus ou moins brisées (*chur-ganja* ou *rora*), elle n'est jamais vendue sur le marché européen.

L'autre est appelée le « *charas* » ou « *chira* » ; il s'agit d'une résine obtenue « soit en frottant entre les mains les sommités résineuses non coupées ou en les pressant sur des étoffes ; soit en utilisant des manteaux de cuir avec lesquels les récolteurs se promènent parmi les plants : la résine s'agglutine alors sur les vêtements qui sont ensuite raclés avec une spatule courbe »(21). Le *charas* est surtout récolté en Asie centrale, en Afghanistan, en Iran, au Turkestan russe et au Turkestan chinois.

La résine de cannabis recueillie est agglomérée avec des substances diverses (henné, terre, cire, colle...) avant d'être compressée sous forme de pains ou de plaquettes qui se caractérisent par une forte odeur.

En Europe, le toxicomane a le choix principalement entre le haschisch du Maroc, de couleur kaki-verdâtre, dont la teneur en THC varie entre 8 et 12 %, celui du Liban, d'une couleur brun terre dont le taux fluctue entre 11 et 20 %, et celui d'Afghanistan de couleur noire, tout comme la résine du Pakistan ou du Népal. Sa teneur en THC peut atteindre des proportions de 25 à 29 %. Mais, comme nous l'avons vu, le haschisch peut provenir également d'autres pays. Notons cependant que des mélanges récents ne permettent pas toujours de déterminer à vue d'œil l'origine géographique probable du produit considéré.

La résine de cannabis est principalement fumée seule dans des pipes spécialement conçues à cet effet ou mélangée à du tabac.

On la retrouve dans quelques spécialités culinaires nord-africaines ou orientales. Les effets de la résine de cannabis ingérée, à quantité égale, seraient moindres que ceux provoqués par le haschisch fumé.
• *L'huile de cannabis.* Il s'agit d'un produit liquide vert foncé tirant sur le noir obtenu à l'aide de cannabis et de solvant ou d'alcool. La préparation de cette huile vise à extraire le maximum de THC de la plante ; la teneur en THC de ce dernier produit peut ainsi atteindre plus de 60 % (jusqu'à près de 70 % dans certains cas), ce qui en fait un produit particulièrement toxique. Cette huile est principalement fumée à l'aide de cigarettes (on place une petite goutte de cannabis liquide récupérée avec une épingle soit dans le tabac, soit sur le papier). Il peut s'agir en l'occurrence de « joints », c'est-à-dire de cigarettes roulées et fermées aux deux bouts par torsion du papier, à la manière de bonbons. D'aucuns préfèrent l'ingérer à l'aide de sucreries, afin d'en rendre l'absorption plus agréable.

Les effets du cannabis et son utilisation. — Un débat s'est instauré depuis plusieurs années afin de déterminer si l'usage du *cannabis sativa L.* est ou non dangereux pour l'organisme humain. Des études épidémiologiques, des analyses de l'évolution des comportements chez les usagers de ce produit ont été effectuées ; les recherches se poursuivent toujours à l'heure actuelle. On peut affirmer dans l'absolu que l'absorption de ce produit n'est pas sans conséquence sur l'organisme humain. Mais les avis concernant les effets restent très partagés.

M.-A. Martin fait état de soins prodigués au cours des vingt ou trente dernières années dans des pays d'Asie du Sud-Est à partir de cannabis ingéré le plus souvent par décoction ; ce produit était mélangé à d'autres substances afin d'en renforcer les effets pour soigner des cas de rhumatisme, tétanos, choléra, malaria, dysenterie, anorexie, asthme ; d'après son expérience, le cannabis permet le traitement de paralysies, élimine des parasites intestinaux, régularise les fonctions du cœur, du foie et des poumons, calme les nerfs, supprime les polypes, calme les vertiges, stimule la lactation, ralentit les diarrhées. L'ouvrage de Vera Rubin, *Cannabis and culture,* rapporte d'autres expériences de ce type.

Mais des études scientifiques récentes font parallèlement état d'un grand nombre de problèmes engendrés par l'absorption du cannabis et de ses dérivés, notamment des altérations de cellules organiques. La marihuana aurait des conséquences fâcheuses sur l'ADN (acide désoxyribonucléique) ; dans certains cas, elle ralentit la croissance et dérègle les productions de protéines. « L'usage prolongé du cannabis ou chanvre indien (la plante d'où sont tirés marihuana et haschisch) altère une proportion fort élevée de cellules. Les globules blancs ne sont plus en mesure de remplir correctement leur fonction immunitaire » écrit le Dr Issidorides[22]. « Au cours de vingt années de recherches cytologiques, déclare le Dr Morishima, je n'ai rencontré aucune drogue qui ait sur l'ADN des effets aussi destructeurs que la marihuana.» Le cannabis détraque les mécanismes de division des cellules humaines ; la marihuana crée des dommages au niveau des ovules, des spermatozoïdes, des neurones et des cellules des tissus conjonctifs. La mémoire est perturbée dans de nombreux cas et les facultés de réaction sont ralenties. D'après le Dr G. Nahas, précurseur des recherches entreprises sur les effets de la marijuana, « les nombreux cas prouvés d'altération cellulaire dus à l'action du cannabis expliquent tous ses effets nocifs sur les poumons, les organes sexuels, le cerveau, le système immunitaire. [...] L'altération progressive au fil des années des cellules du fumeur régulier de joints constitue une lente dégradation de la vie.» « Tous les jeunes ne présentent pas la totalité des symptômes. De fait, certains sujets brillants, dotés d'une forte personnalité, semblent pouvoir se maintenir quelques années à un niveau satisfaisant quant à leurs études et à leurs activités. Mais peu à peu, tous les fumeurs, jeunes et adultes, voient se dégrader leurs facultés, leur mode de vie, et diminuer leur activité ; mais dans la catégorie des gros fumeurs, la plupart des jeunes, voire la totalité, sont bientôt marqués par la symptôlogie du joint », précise le Dr Dean Parmelee, directeur du service des adolescents admis à l'hôpital Charles-Rivers, dépendant de l'école de médecine de l'université de Boston. D'autres spécialistes décrivent de leur côté un certain nombre de symptômes comme la diminution de la volonté, du pouvoir de concentration, des capacités d'attention, l'altération du jugement. Selon le Dr Harold Voth qui fait partie de l'école de psychiatrie de la fondation Menninger à Topeka (au Kansas), « les altérations les plus évidentes causées par l'usage chronique de la marihuana se traduisent notamment par un affaiblissement de la mémoire des faits récents, une apathie croissante et l'apparition du syndrome de renoncement qui peut aller de l'abandon du sport à celui des études, pour finir par celui de la famille.»[(23)]

L'emploi thérapeutique du THC se justifie pour traiter les vomissements et le glaucome, mais les effets des cannabinoïdes restent très importants sur l'organisme et néfastes au niveau du cœur, sur les fonctions neurochimiques, physiologiques et cellulaires, sur le système cardio-vasculaire, sur le système immunitaire ainsi que sur les fonctions endocrine et reproductive. Son usage doit être impérativement déconseillé. Des risques de tachycardie sont possibles. L'appareil respiratoire, également affecté par les cannabinoïdes, est régulièrement perturbé par des maux de gorge, bronchites chroniques, sinusites, inflammations des grosses bronches, etc.

Selon Kaymakcalan, il existe, dans le cas de gros fumeurs, une tolérance : « les effets perdent de leur intensité après une administration répétée de cette drogue, ce qui indique l'acquisition d'une tolérance ». Selon la grande majorité des spécialistes, il existe une réelle dépendance psychique au cannabis. « Caractérisé par le besoin impérieux ou le désir ardent de prendre cette substance, l'abus du cannabis, comme celui de nombreuses autres drogues, est dû essentiellement à la dépendance psychique » ajoute Kaymakcalan[(24)]. Ce scientifique fournit par ailleurs des exemples de dépendance physique, trop souvent négligée par ceux qui ne jugent pas le cannabis aussi dangereux.

Précisons que le cannabis peut être à l'origine de l'accroissement des effets de la morphine, et qu'il existe une « tolérance croisée » aux deux substances. C'est un phénomène que l'on retrouve assez fréquemment dans le cadre de polytoxicomanies. « Le potentiel toxicomanogène du cannabis est souvent comparé à celui de l'alcool et du tabac. L'acquisition d'une dépendance à l'une de ces trois substances dont il est fait le plus fréquemment abus paraît liée à des facteurs tels que les doses prises, la fréquence des prises et la durée de l'usage, ainsi que, peut-être, à certains facteurs individuels. Les propriétés pharmacocinétiques et pharmacologiques des trois substances sont cependant très différentes. Alors que l'alcool et la nicotine sont aisément détruits ou éliminés, les cannabinoïdes actifs demeurent longtemps dans les tissus. En outre, la gamme des effets pharmacologiques du cannabis est si étendue qu'on ne peut la comparer aux effets de l'alcool ou de la nicotine. Si les drogues à base de cannabis très actives devaient se répandre, la dépendance à l'égard du cannabis risquerait de créer de sérieux problèmes sociaux » (Kaymakcalan). C'est précisément ce que nous connaissons aujourd'hui dans nos sociétés modernes.

Les effets du cannabis sont variables suivant la teneur en THC du produit, de l'état du consommateur et de « l'ambiance » du moment. Cependant, d'une manière générale, les principaux effets du cannabis surviennent entre les dix et quinze minutes qui suivent l'absorption. Il s'agit d'abord d'une excitation interne intense. Les effets durent variablement entre deux et trois heures et demie. S'ensuivent une phase de confusion mentale puis une phase d'extase multisensorielle. Mais le « *trip* » amorce bientôt sa « descente », phase dépressive caractéristique qui mène au sommeil dans de nombreux cas.

Pour certains spécialistes, les dangers principaux du cannabis sont d'une part le risque de démotivation et de perte de vue de la réalité, surtout chez les étudiants, et d'autre part un état proche de l'ébriété entraînant des risques d'accidents de la circulation par diminution des réflexes.

Les dangers liés à l'usage du cannabis sont multiples et sont autant le fait de la qualité du produit et de ses propriétés toxicomanogènes que de la quantité phénoménale produite à l'échelle mondiale et de ses diverses implications sociales. Dans son ouvrage *Idées fausses sur la défonce*, le Dr Francis Curtet souligne quatre dangers précis concernant l'utilisation du haschisch. Outre le danger de déconnexion et d'isolement vis-à-vis de la réalité, l'utilisation du haschisch provoque en outre chez un fumeur intensif une pathologie pulmonaire pouvant devenir cancéreuse tout en entraînant des perturbations au niveau de la mémoire et à d'autres niveaux. De plus, l'usager de haschisch risque fort d'être confronté à la justice en cas d'interpellation et faire l'objet d'un emprisonnement, ce qui ne constitue pas toujours forcément une bonne solution pour le faire « décrocher ». Enfin, il ne faut pas perdre de vue que le marché clandestin est aujourd'hui dirigé par des organisations criminelles internationales particulièrement structurées et dangereuses qui n'hésitent pas à « brancher » un jeune pour pouvoir l'utiliser à des fins délictuelles voire criminelles.

Il faut en clair déconseiller l'utilisation du cannabis aux jeunes gens, sous quelque forme que ce soit, non seulement à cause des « dangers internes » qui les guettent mais également à cause des « dangers externes » que supposent l'acquisition et l'utilisation du cannabis et de ses dérivés. La marijuana est loin d'être une substance anodine et inoffensive. Baudelaire déjà avait dit ce qu'il convient de penser à ce sujet : « Le haschisch est inutile et dangereux »(25).

Les opiacés

Lorsque l'on aborde le sujet des stupéfiants, il est d'usage de penser au trafic illicite plutôt qu'au trafic licite ; et lorsque quelqu'un parle de pavot, on imagine aussitôt les nombreuses plantations du Triangle d'or (Birmanie, Laos, Thaïlande) ou du Croissant d'or (Iran, Afghanistan, Pakistan). Mais on ignore, le plus souvent, qu'en France, non loin de nos maisons, pousse le pavot-œillette, couramment utilisé pour la cuisine ou la peinture, la décoration ou encore comme nourriture pour le bétail. Les alcaloïdes (substances organiques d'origine végétale ayant une puissante action psychologique) obtenus à partir de la production de paille de pavot entrent quant à eux dans la fabrication de nombreuses préparations pharmaceutiques sur lesquelles nous allons revenir.

Le pavot à travers les âges. — « L'homme vit la plante, puis il la découvrit ; elle le servit puis l'asservit » : n'est-ce pas ainsi que pourrait se résumer l'histoire du pavot qui reste intimement liée à celle de l'homme ? Cette plante accompagne son quotidien depuis des temps immémoriaux et fournit la plus ancienne des drogues, l'opium, qui a affecté de bien des façons l'histoire de l'espèce humaine. Le pavot a permis à l'homme de survivre à la faim ; son suc l'a soutenu au moment des épreuves et des maladies ; il lui a permis de mieux vivre et de mieux mourir. Mais il l'a aussi souvent conduit à faire la douloureuse expérience des affres de la dépendance. Il n'est nullement question pour nous de relater ici l'histoire complète du pavot et de l'opium, mais d'exposer quelques épisodes et points de repère de cette épopée qui se perd dans la mémoire de l'Homme et fluctue aussi bien dans l'espace que dans le temps.

Selon certains scientifiques, le pavot et ses propriétés auraient été connus dès la période du Mésolithique, entre 9 500 et 5 000 ans avant notre ère. Une grande majorité d'entre eux considère que le *papaver somniferum L.* est originaire des régions bordant la Méditerranée. Il occupe une grande place dans les légendes mythologiques de l'Antiquité. L'Égypte ancienne en particulier nous fournit très tôt des témoignages sur la connaissance et l'usage du pavot. Si l'hypothèse selon laquelle la pierre magique utilisée pour les anesthésies locales par les médecins égyptiens était revêtue d'opium ne semble pas fondée, il ne fait aucun doute que l'utilisation du *papaver somniferum* reste bien antérieure au Nouvel Empire (1580-1085 av. J.-C.). Diodore de Sicile (né en 90 av. J.-C.) assure que les femmes de Thèbes connaissaient les propriétés narcotiques du pavot ; il fait par ailleurs état du *népenthès, un* breuvage dont la formule fut donnée par Polydamna l'Egyptienne à Hélène. Les Grecs quant à eux usaient d'opium pour le plaisir et pour le courage qu'il leur procurait lors des combats.

C'est ainsi à partir de la région méditerranéenne que se répandit la connaissance de la culture et l'usage du pavot. La Méditerranée ainsi que d'autres grandes voies de communication de l'Empire romain favorisèrent les échanges entre les continents européen, africain et asiatique. Les Arabes cultivèrent ainsi le pavot en Inde et exportèrent l'opium en Chine. L'intérêt pour l'opium grandit encore et, de l'Asie Mineure, sa culture et son utilisation se propagèrent pour ainsi dire dans le monde entier.

En France, au Moyen Âge, les drogues végétales, plantes indigènes ou plantes cultivées dans les jardins des couvents servent à la préparation entre autres de drogues orientales introduites en thérapeutique par les Anciens ou les Arabes (parmi lesquelles l'opium). Cependant, le pavot sera peu cultivé en Europe au Moyen Âge. Les antidotaires et les *herbaria* consignent les utilisations du pavot et de l'opium ainsi que d'autres drogues qui tiennent une place prépondérante au Moyen Âge. Des mesures de contrôle seront cependant prises très tôt par divers pays. Dès 1172, un office pour l'inspection des drogues est créé à Venise. Mais de nombreuses pharmacopées renferment des préparations incluant l'utilisation du pavot et de l'opium. Durant tout le Moyen Âge, l'Occident utilise l'opium de différentes façons. Les Arabes et les Juifs en consomment en particulier très couramment. La communauté juive rhadanite propose d'utiliser le « parfum noir » contre les diarrhées, l'insomnie ou les douleurs. Le pavot, l'opium et de nombreux autres opiats font alors l'objet d'un commerce suivi. Les pratiques populaires s'étendent : le rituel de l'onction, rapporté par Camporesi, exige ainsi que le bébé soit oint sur l'une ou l'autre tempe avec un onguent de peuplier comprenant du pavot noir et de l'opium. Le « pain de pavot » se répand par ailleurs en Europe pour vaincre la famine. Ce n'est en clair pas avant la fin du XVIIIe siècle que l'usage des drogues essentiellement pour le plaisir se développera en Europe.

Au début du XIXe siècle apparaissent les premiers dérivés de l'opium, et notamment la morphine en 1804. En 1836, Lafargue administre la morphine par inoculation ; mais c'est surtout l'invention de la seringue, puis la mise au point de la méthode hypodermique qui vont propager l'utilisation de la morphine, principalement durant la guerre de 1870. Les premières toxicomanies importantes apparaissent alors ; l'usage de l'opium pur vient s'ajouter à celui des préparations opiacées.

C'est dans les fumeries chinoises qu'usagers et toxicomanes viennent chercher le paradis et oublier leurs soucis. Ce commerce de l'opium, d'abord entre les mains des Portugais qui l'introduisirent à partir de Goa, favorisa l'apparition d'une vive contrebande, malgré l'édit en 1729 de l'empereur Yong-Tcheng interdisant l'importation de drogue en Chine. Puis la très puissante Compagnie anglaise des Indes orientales prit le relais des Portugais et la contrebande s'intensifia dans un « triangle de l'opium » formé par l'Angleterre, l'Inde et la Chine.

À la fin du XVIIe siècle, un édit impérial autorise l'ouverture de tous les ports de Chine au commerce occidental ; mais, au milieu du XVIIIe siècle, un nouvel édit ordonne que cette activité marchande soit réduite au seul port de Canton. Malgré plusieurs tentatives diplomatiques pour amener les autorités chinoises à reconsidérer leur décision, la situation ne s'améliore pas. Les Chinois restent méfiants vis-à-vis des « grands nez ». L'opium, fabriqué au Bengale et revendu en Chine, est alors la source de très nombreuses fortunes, tant britanniques que chinoises. Médicament traditionnel, la « boue étrangère » devient rapidement un stupéfiant redoutable dont quelques mandarins s'efforcent d'endiguer le flot croissant. Malgré les tentatives de l'empereur pour éradiquer ce trafic, notamment en proposant aux Anglais un accord commercial selon lequel l'opium importé serait compensé par des exportations de thé, la corruption se développe parallèlement à l'opiomanie, souvent sous la direction de sociétés du crime. Dans les années 1830, le trafic s'accroît ; les grandes firmes britanniques ont le champ libre et les différentes variétés d'opium déferlent sur la côte chinoise. À Pékin, l'inquiétude grandit. L'empereur refuse de légaliser le commerce d'opium. C'est cette situation dangereusement tendue qui précipite les événements et amène la guerre de l'Opium, déclarée par les Anglais au nom de la liberté du commerce et de la défense de la civilisation occidentale. En 1838, les Chinois détruisent 20 291 caisses représentant 1 360 tonnes d'opium réduit en pâte. C'est presque à la même époque que la France entre également en conflit avec la Chine suite à l'exécution d'un prêtre catholique. Les Chinois signent le traité de Nankin le 29 août 1842 qui marque la fin de ce premier conflit. Un second conflit aboutit au traité de T'ien-Tsin qui légalise le commerce de l'opium. Les importations d'opium s'accroissent alors de façon vertigineuse. Cependant, les besoins augmentent plus vite encore que les importations et la production se développe en Chine qui devient bientôt le premier producteur mondial d'opium. Les autorités s'inquiètent de l'augmentation de l'opiomanie. Ce n'est qu'au début de ce siècle que la Chine abandonnera la culture du pavot.

L'usage de l'opium « pour le plaisir » se répandit tout d'abord en Grande-Bretagne où les coloniaux de l'armée des Indes l'introduisirent à la fin du XVIIIe siècle. Les Français ne tarderont pas non plus à l'adopter ; en 1840, des fumeries plus ou moins clandestines s'installent à Paris, au Havre, à Marseille et à Bordeaux. La colonisation de l'Indochine favorisera la diffusion de l'opiomanie chez les fonctionnaires, les marins et les militaires. De nombreux écrivains et auteurs célèbres avouent ouvertement leur penchant pour l'opium. En Allemagne comme en Angleterre, une centaine d'adultes d'horizons différents meurent alors chaque année des méfaits de l'abus d'opium. L'opium sera couramment employé dans le traitement des maladies mentales jusque dans les années 1960, avant d'être remplacé par des antidépresseurs. Mais les progrès de la chimie favorisent rapidement l'éclosion d'une nouvelle forme de toxicomanie, la morphinomanie, très vite suivie par l'héroïnomanie, encore plus redoutable.

Seguin et Serturner parviennent en 1805 à isoler à partir de l'opium une substance organique qui se combine aux acides, la morphine. L'emploi de cet alcaloïde et son grand intérêt thérapeutique ne cesse de s'accroître ; l'invention de la seringue par Pravaz va permettre une utilisation massive de la morphine que la guerre de 1914-1918 rendra plus large encore. Cet analgésique classique demeure un produit de base nécessaire à la fabrication de nombreux médicaments. La morphine ne peut alors s'obtenir qu'à partir de l'opium fourni par le pavot mûr sous forme de latex employé aussi bien pour le trafic licite que pour le trafic illicite d'opiacés; c'est dans ce dernier domaine qu'il est surtout utilisé de nos jours. Mais en 1930, un pharmacien hongrois, Janôs Kabay, fait breveter un nouveau procédé d'extraction d'alcaloïdes : la morphine peut de la sorte être extraite directement à partir de la paille de pavot vert. Le procédé Kabay permet ainsi d'éviter la production d'opium et les risques de trafic illicite.

Les produits stupéfiants semi-synthétiques (morphine, héroïne...) et synthétiques ainsi que d'autres produits d'origine illicite ou licite souvent détournés de leur destination (solvants volatils, médicaments...) commencent à toucher les jeunes puis les très jeunes à partir des années soixante et à engendrer une polytoxicomanie ou une conduite toxicomaniaque polymorphe. Certains mouvements marginaux vont en particulier prôner ouvertement la consommation libérale de produits stupéfiants d'origines diverses. Les abus de ces produits et la toxicomanie des jeunes, de plus en plus nombreux, touchent aujourd'hui tous les continents.

La plante. — Depuis longtemps, les botanistes s'intéressent à l'étude des pavots et notamment à la distinction des variétés du *papaver somniferum L.* (nom scientifique du pavot) selon des critères nouveaux. Sans entrer dans le détail de l'histoire de cette systématique, on pourra classer les types du *papaver somniferum* en deux catégories principales.

• *Les pavots à opium* proviennent la plupart du temps du Bassin méditerranéen, du Proche-Orient, du Moyen-Orient ou de l'Extrême-Orient. Il en existe une très grande variété. Ces pavots à opium sont cultivés pour la vente licite de l'opium; ils entrent dans le cadre bien défini des dispositions de la Convention sur les stupéfiants de 1961. Ils font l'objet cependant d'une impressionnante production illicite.

• *Les pavots-œillettes,* originaires d'Europe centrale et de l'Est, sont quant à eux essentiellement cultivés pour leurs graines. Le pavot-œillette est une plante annuelle à tige principale qui peut atteindre 1,50 mètre de hauteur. Lorsque le bouton floral se redresse et s'ouvre, les deux sépales caducs tombent. La corolle chiffonnée s'épanouit pour laisser apparaître quatre grands pétales blancs ou bleu violacé avec une tache violet foncé à la base de la fleur. En son centre s'érige une couronne d'étamines à anthères noires. A la chute des pétales, le fruit est très caractéristique : il s'agit d'un ovaire (capsule) coiffé d'un disque légèrement concave bordé d'une couronne de lobes détachés les uns des autres. La capsule, ventrue et glabre, a une paroi très fine avec une cavité centrale assez grande où de volumineux placentas font saillie ; ces derniers sont recouverts d'innombrables graines.

Le commerce licite du pavot. — En France, la société privée Francopia est la seule qui soit habilitée par le ministère de la Santé à gérer la culture du pavot-œillette. Elle est placée sous le contrôle du Bureau des stupéfiants de ce même ministère. Les cultures, l'extraction, la production et la transformation du pavot sont en effet strictement réglementées dans notre pays.

Un certain nombre de stupéfiants synthétiques sont fabriqués à partir de la morphine ; d'autres sont produits à partir d'opium importé ou de paille de pavot. Parmi les principales transformations, on trouve :
• la codéine, qui entre dans la fabrication de nombreuses préparations pharmaceutiques ;
• l'ethylmorphine, principalement employée dans des antitussifs ;
• la pholcodine.

Les autorités françaises cherchent à obtenir une production nationale de paille de pavot suffisante et un excellent rendement (le meilleur du monde), propres à satisfaire les besoins de la population en opiacés dont l'emploi est estimé indispensable en thérapeutique. Ce recours s'est imposé par des circonstances diverses, notamment suite aux ruptures d'approvisionnement survenues dans le passé. La production française permet aujourd'hui, selon les experts, de répondre à la demande d'autres pays en concentré de pavot ou en préparations pharmaceutiques.

Sur le plan agricole, la culture de pavot, placée donc sous la responsabilité de la société Francopia, convient aux agriculteurs à la tête d'exploitations modestes et apporte un revenu complémentaire non négligeable tout en constituant une tête d'assolement techniquement très intéressante. Cette culture doit pouvoir soutenir la concurrence des autres cultures traditionnelles, qu'il s'agisse de prix ou de rendement, même si les graines, d'une moindre valeur, n'ont pas toujours de débouchés assurés.

La France a toujours manifesté son adhésion à la politique suivie par les Nations unies en faveur du recours à la paille de pavot plutôt qu'à l'opium pour ce qui est de la production de morphine. En effet, à une époque où l'accroissement du trafic illicite des stupéfiants soulève une très vive inquiétude à travers le globe, la culture de la paille de pavot s'avère plus sûre que celle visant la production de l'opium, produit dont le détournement permet essentiellement de fabriquer la morphine-base et l'héroïne qui inondent plus particulièrement les pays industrialisés. Assurément, l'option de la paille de pavot qui nécessite une quantité importante de matière première et de solvants ainsi qu'une technique spécifique n'intéresse guère les trafiquants en l'état actuel des choses ; d'autant que l'incision des capsules ne peut sérieusement s'envisager sur nos variétés de pavot vert dont les parois, d'une minceur extrême, se prêtent mal à cette délicate opération. Espérons que cette double garantie du procédé de J. Kabay défiera longtemps encore le fléau de la drogue.

Le commerce illicite de l'opium. — L'opium à partir duquel seront réalisés les différents produits opiacés rencontrés sur le marché clandestin international des stupéfiants est principalement produit dans le Triangle d'or en Asie du Sud-Est (Birmanie, Laos et Thaïlande) et le Croissant d'or (Iran, Afghanistan et Pakistan). Le pavot à opium est également cultivé au Liban, dans la plaine de la Bekaa, en Turquie et au Mexique pour ne citer que les régions les plus importantes.

La qualité de l'opium de la région du Triangle d'or ne dépasse que très rarement la proportion de 10 % de morphine. Sa culture est très répandue dans les régions montagneuses. En Thaïlande, certaines minorités produisent le pavot à opium sur 80 % des surfaces cultivées. Selon R. Geddes, une famille cultive entre 3 et 6 hectares dans le Nord de la Thaïlande.

Sa récolte s'avère très délicate et demande beaucoup de main-d'œuvre. La scarification des capsules de pavot parvenues à maturité s'effectue à l'aide d'outils à plusieurs lames. La façon de scarifier dépend des habitudes et coutumes locales et varie de fait selon les régions de production. Le latex qui s'écoule durant la nuit est récolté à l'aide de petits racloirs ; la substance, initialement blanchâtre, devient de couleur brune ou marron par oxydation. Cet opium est immédiatement aggloméré sous forme de briques, de cubes ou de boulettes selon les techniques.

L'opium brut (c'est le nom qui lui est donné) doit être traité avant d'être fumé par les opiomanes, très nombreux dans les régions de production. On obtient alors l'opium à fumer ou *chandoo.* Le consommateur d'opium, confortablement installé, fume une petite boule de cet opium raffiné, préalablement chauffé à la lampe. La fumée est généralement absorbée au cours d'une longue et unique inspiration sur la pipe à opium. Cette pratique, qui nécessite un matériel adéquat, se déroule avec beaucoup de solennité. Une pipe contient entre 0,20 et 0,60 gramme de *chandoo.* Selon le degré d'intoxication, l'opiomane peut fumer de quelques-unes jusqu'à plus de 200 pipes par jour.

Cette façon de fumer l'opium, très répandue au siècle dernier, et tout au long de l'épopée coloniale d'Extrême-Orient notamment, a perdu de son ampleur depuis quelques décennies ; elle demeure le fait assez rare d'anciens « coloniaux », nostalgiques d'une époque révolue.

L'opium peut être également consommé en décoction et bu, ou encore mangé. Ces pratiques sont principalement en usage dans les principales régions de production de ce stupéfiant. Il existe, à l'heure actuelle, une toxicomanie assez restreinte engendrée par l'utilisation de l'opium mélangé à d'autres produits tels que le haschisch. Il arrive également que des toxicomanes se piquent à l'opium, mais cette pratique se rencontre plus précisément dans certaines contrées orientales.

Les alcaloïdes de l'opium les plus connus sont la morphine (dont la proportion dans l'opium ne dépasse guère 10 à 12 %), la codéine, l'éther méthylique de la morphine (entre 1 et 3 %), la thébaïne (0,2 à 0,3 %), la papavérine qui ne possède aucune propriété analgésique (de 0,5 à 1 %), la narcotine, la noscapine (que l'on trouve dans une proportion de 3 à 8 % et qui est principalement utilisée pour ses propriétés antitussives), la narcéine (entre 0,1 et 0,5 %), la noxoprine (dont le taux varie entre 0,2 et 10 %).

Les effets de l'opium. — Claude Bernard mettait en évidence en 1864 les triples effets de l'opium :
- l'effet soporifique dû à la narcéine, la morphine et la codéine ;
- l'effet convulsivant dû à la thébaïne, la papavérine, la docéine, la narcotine et la morphine ;
- l'effet toxique dû à la thébaïne, la codéine, la papavérine...

L'opium a donc des effets à la fois tranquillisants et euphorisants, toujours toxiques. Son usage provoque une désagrégation complète de l'organisme. On reconnaît ainsi les utilisateurs invétérés à leur maigreur et leur pâleur. Dans certains pays, il est employé pour atténuer la douleur et rendre la maladie plus supportable. Mais la consommation d'opium occultant les symptômes des maladies sans les soigner, « il se peut que la maladie se trouve masquée par la consommation d'opium et poursuive sa progression. Le malade continuera, en partie par nécessité, à travailler très dur une fois ses symptômes supprimés par l'opium : la maladie risque donc de s'aggraver. La tuberculose est un bon exemple à cet égard. L'espérance de vie d'un malade s'en trouve diminuée.»[(26)]

La morphine employée comme hypno-analgésique en thérapeutique est obtenue à partir de l'opium ou de la paille de pavot. Cette poudre blanche, soluble dans l'eau, est le plus souvent présentée sous forme d'ampoules de chlorhydrate de morphine à un ou deux centigrammes. Elle peut être administrée par voie orale, mais l'injection demeure le moyen le plus couramment employé. Ce produit, très prisé par la médecine française, provoque des somnolences et des modifications psychodysleptiques avec une alternance de délires et d'hallucinations. L'abus de ce dépresseur respiratoire peut même entraîner la mort par interruption de la respiration.

La dépendance entraîne principalement chez le morphinomane irritabilité et anxiété. Dépressif, il peut rapidement paniquer ; il tremble, il sue, il a les yeux rouges et ses pupilles sont dilatées. Il a des insomnies, des nausées ; des vomissements surviennent bientôt, accompagnés de diarrhées.

Le morphinomane détourne le produit de son utilisation normale à des fins toxicomaniaques dans la majorité des cas. Il n'est pas rare de fait que des médecins soient agressés pour se faire dévaliser de ce type de produit. Mais c'est à partir d'une autre morphine que les « chimistes » clandestins pourront obtenir de l'héroïne : il s'agit de la morphine-base.

De la morphine à l'héroïne. — Dans son ouvrage, *La Politique de l'héroïne en Asie du Sud-Est,* Alfred W. Mc-Coy explique le procédé utilisé pour extraire la morphine pure de l'opium : « Le chimiste commence l'opération en faisant chauffer de l'eau dans un récipient sur un feu de bois jusqu'à ce que son index expert lui indique que la température est correcte. L'opium brut est ensuite versé dans le récipient et remué à l'aide d'un gros bâton jusqu'à sa dissolution. Au moment propice, le chimiste ajoute de la chaux ordinaire à la solution en train de chauffer, ce qui élimine par précipitation les déchets organiques et laisse la morphine en suspension près de la surface de l'eau plâtreuse. Tout en filtrant l'eau à travers un morceau d'étoffe ordinaire afin d'en ôter toute matière étrangère, le chimiste verse la solution dans un autre récipient. La solution est chauffée une seconde fois tout en étant remuée et en lui ajoutant de l'ammoniaque concentrée, ce qui a pour effet de provoquer la solidification de la morphine qui tombe au fond. La solution est filtrée une nouvelle fois à travers l'étoffe et laisse sur le tissu de grosses noix blanches de morphine. Une fois séchée et empaquetée pour l'expédition, la morphine pèse en général à peu près 10 % du poids de l'opium brut dont elle a été extraite.»[27]

Depuis 1981, année durant laquelle 17 700 kg avaient été découverts, les saisies de morphine-base se font rares dans notre pays. La morphinomanie a cédé du terrain face à une autre toxicomanie beaucoup plus dangereuse : l'héroïnomanie.

L'héroïne, obtenue par acétylation du chlorhydrate de morphine, a été découverte en 1889 par un chercheur allemand du nom de Dreser. Même si les effets de ce produit sur les tuberculoses ont été extraordinaires, les conséquences de son utilisation chez l'homme en ont rapidement fait l'un des stupéfiants les plus dévastateurs qui puissent exister. Les trop nombreux cas d'intoxication à l'héroïne inciteront les praticiens du début du XXe siècle à ne plus utiliser ce produit jusqu'à son interdiction définitive. Aujourd'hui, l'héroïne est un produit uniquement rencontré dans le trafic illicite international de stupéfiants. Elle inonde le globe, semant sur son passage déchéance, ruine et délinquance, pour finir par la mort.

On obtient l'héroïne à partir de la morphine-base; Alfred W. Mc-Coy en décrit précisément le processus de fabrication : « Les cinq phases de ce processus ont pour but de lier chimiquement les molécules de morphine à l'acide acétique, puis de soumettre le composé à une opération destinée à produire une poudre blanche et duveteuse propre à être injectée à l'aide d'une seringue.

• *Première phase :* Pour produire 10 kg d'héroïne pure (quantité journalière normale de beaucoup de laboratoires), le chimiste fait chauffer 10 kg de morphine et 10 kg d'anhydride d'acide acétique dans un bac émaillé ou dans un ballon de verre. Après avoir été chauffés pendant six heures à la température exacte de 85 °C, la morphine et l'acide se trouvent chimiquement liés, donnant ainsi naissance à une forme impure de diacétylmorphine (ou héroïne).

• *Seconde phase :* Pour supprimer les impuretés du composé, la solution est traitée avec de l'eau et du chloroforme jusqu'à ce que les impuretés soient éliminées par précipitation, ce qui laisse une diacétylmorphine d'une teneur sensiblement plus forte.

• *Troisième phase :* La solution est transvasée dans un autre récipient où du carbonate de soude lui est ajouté jusqu'au moment où les particules d'héroïne brute commencent à se solidifier et à tomber au fond.

• *Quatrième phase :* Après filtrage sous pression de la solution de carbonate de soude au moyen d'une petite pompe aspirante afin d'en extraire les particules d'héroïne, celles-ci sont purifiées dans une solution d'alcool et de charbon de bois activé. Le nouveau mélange est chauffé jusqu'au moment où l'alcool commence à s'évaporer, laissant des granulés d'héroïne relativement pure au fond du ballon.

• *Cinquième phase :* Cette phase finale produit la fine poudre blanche si prisée des drogués américains et nécessite un considérable savoir-faire de la part du chimiste clandestin. L'héroïne est placée dans un grand ballon et dissoute dans l'alcool. Après adjonction d'éther et d'acide chlorhydrique à la solution, des petits flocons blancs commencent à se former. Après filtrage sous pression et séchage des flocons par un procédé spécial, il reste finalement une poudre blanche, connue sous le nom d' "héroïne n° 4 ", dont le taux de pureté atteint de 80 à 99 %. Entre les mains d'un chimiste imprudent, le gaz d'éther volatil peut s'enflammer et produire une violente explosion capable de souffler le laboratoire clandestin.»(28)

Ces transformations effectuées dans des laboratoires clandestins pourvus de toutes sortes d'instruments (cuve, centrifugeuse...) nécessitent de très sérieuses connaissances en chimie comme le démontre A. W. Mc-Coy. Il arrive cependant que des chimistes succombent au cours de leurs opérations.

Les deux principaux produits vendus sont :

• l'héroïne n° 3 *(« brown sugar »).* Elle est principalement fumée. Mais des toxicomanes, habitués à absorber l'héroïne par injection, la prennent par piqûres. Elle est de couleur gris-brun, ressemble à des graviers minuscules ou encore à de la litière pour chat. Pour l'obtenir, le chimiste ajoute de la strychnine, de la quinine, de la scopolamine, de l'aspirine lorsque l'héroïne est acétylée. Le pourcentage d'héroïne véritablement contenu dans le *brown sugar* est de l'ordre de 35 % en moyenne ;

• l'héroïne n° 4 (« la blanche »). De couleur blanche, parfaitement soluble dans l'eau, cette poudre très fine est injectée dans le corps soit par piqûre sous-cutanée, intramusculaire ou le plus fréquemment par voie intraveineuse. Cette héroïne, particulièrement pure, est principalement transformée dans les laboratoires établis dans le Triangle d'or ou dans le Croissant d'or; il en existe aussi en Syrie, au Liban, au Pakistan, au Mexique, en Colombie et parfois en Europe. L'héroïne en provenance d'Asie du Sud-Est est d'ordinaire plus blanche que celle du Croissant d'or.

L'héroïne n° 3 et n° 4 sont « coupées » à plusieurs reprises par les différents intermédiaires qui composent la chaîne de ce trafic illicite. En fin de parcours, un revendeur compose cinq doses au moins à partir d'un gramme d'héroïne, par adjonction de talc, de lactose ou de métaquanole, parfois de manicol. L'héroïnomane qui achète l'une de ces doses absorbe en fait entre 3 et 6 % d'héroïne.

L'héroïne est un produit cinq à six fois plus puissant que la morphine. L'injection, on l'a vu, demeure le mode de consommation le plus fréquemment employé car il permet au toxicomane de profiter plus rapidement des effets de l'héroïne. Les spécialistes ont l'habitude de mentionner trois phases successives qui apparaissent après administration de la drogue.
• Le « flash » : c'est « l'explosion interne », la jouissance extrême qui intervient au moment de la prise.
• La « planète » succède au premier temps pour durer entre deux et trois heures (cinq à huit heures avec la morphine) durant lesquelles l'usager va « voyager » à travers un « irrationnel multidimensionnel » jusqu'à ce que les sensations s'amenuisent et que les effets diminuent.
• La « descente », période durant laquelle l'intéressé sort de son inconscience relative pour reprendre pied dans la terrible réalité du manque qu'il va essayer de combler le plus rapidement possible. Cette période dépressive est à l'origine de comportements suicidaires qui débouchent parfois sur la mort accidentelle.

Toutes sortes de troubles viennent petit à petit habiter le toxicomane; il devient pâle, il manque d'appétit, il est couvert de sueurs, a des démangeaisons et se constipe. Puis, après une période d'insomnie, le toxicomane finit par s'endormir. D'un point de vue général, il se désintéresse souvent de sa vie, de son activité professionnelle ou de ses études.

Mais le pharmacodépendant souffre bientôt de troubles divers issus d'un état de manque, troubles plus inquiétants encore parce qu'à l'origine d'un comportement agressif et délinquant, en particulier dangereux pour son entourage. Le toxicomane à l'héroïne doit en effet impérativement acquérir une nouvelle dose rapidement ; or, pour satisfaire cette exigence, tous les moyens sont bons. L'état de manque ou syndrome de sevrage est ainsi à l'origine d'une importante pharmacodélinquance.

L'arrêt de la prise d'héroïne entraîne l'apparition de douleurs aiguës chez l'intéressé accompagnées de contractures musculaires, d'hallucinations, de dérèglements divers au niveau du système nerveux. Un toxicomane dépendant psychiquement et physiquement de l'héroïne présente en clair les symptômes suivants : il se montre irritable, peut devenir dépressif, paniquer et trembler ; il se trouve dans un état de confusion mentale caractérisé. Par ailleurs, il sue anormalement, son nez coule, ses yeux ont tendance à pleurer. Enfin, il perd l'appétit et souffre de constipation. La toxicomanie à l'héroïne est, on le devine, l'une des plus terribles qui puissent être. Les dépendances physiologique et psychologique apparaissent rapidement chez le sujet qui souffre bientôt de troubles graves (convulsions et pertes de connaissance).

En résumé, et pour ce qui concerne les opiacés, le toxicomane présente un syndrome de sevrage physiologique relativement intense accompagné de douleurs multiples et diffuses au cœur de l'appareil digestif ; le sevrage psychologique nourrit une angoisse profonde et une instabilité caractérielle intense. D'éminents spécialistes tentent de trouver des « remèdes » pour désintoxiquer les héroïnomanes, par le biais de méthadone, de clonidine ou de neuroleptiques sédatifs ; mais ce genre de procédés comporte le risque d'engendrer une pharmacodépendance différente chez l'intéressé. Des recherches sont actuellement effectuées pour mettre au point des produits qui n'entraîneraient pas une nouvelle pharmacodépendance.

La cocaïne

L'accroissement de la vente et de la consommation de la cocaïne préoccupe les plus éminents experts internationaux. Le problème de la cocaïnomanie a évolué à la fin du XIXe siècle et au début du XXe siècle en Europe, touchant toutes les couches de la société, depuis les ouvrières des maisons de couture jusqu'aux parlementaires. C'est par l'Allemagne que provient la cocaïne en France vers 1912. Dans les années qui suivent, ce stimulant connaît une très importante vogue au point qu'en 1924, Paris compte près de 80 000 cocaïnomanes appartenant à tous les milieux et notamment à celui de la prostitution : 50 % des « filles de joie » de Montmartre utilisent alors cette substance psychostimulante extraite de la feuille de coca. Après une certaine stagnation, cette mode reprend dans les années 1950 mais demeure le privilège d'une caste sociale aisée. Aujourd'hui, et ce depuis 1976, on assiste à une croissance continuelle inquiétante du trafic illicite de cocaïne, dont des quantités de plus en plus importantes sont saisies en France, en Europe et à travers le monde.

Aperçu historique. — L'Amérique du Sud est à l'origine de cette cocaïnomanie et l'entretient puissamment. L'usage de la feuille de coca est profondément intégré à la civilisation des Amérindiens depuis la plus haute antiquité. Sa mastication est une coutume si ancienne qu'elle est entrée dans la mythologie de ces populations.

Selon Garsilaso de la Vega, une légende indienne dit que « les fils du soleil, suite à la formation du royaume inca, donnèrent en présent la feuille de coca qui rassasie les affamés, qui donne à ceux qui sont fatigués ou épuisés des forces nouvelles et qui fait oublier aux malheureux leurs misères.»[29] S'il est difficile de donner des informations précises concernant l'usage de la coca dans les civilisations pré-incaïques, un certain nombre de découvertes d'objets divers tels que poteries, peintures, bois sculptés attestent l'utilisation de la coca dans les manifestations religieuses ou profanes de ces populations depuis le troisième siècle de notre ère. Après l'arrivée des conquistadors, la coca deviendra un monopole d'État avant d'être finalement abandonné vers la fin du XVIIIe siècle. L'usage de la coca, initialement réservé aux prêtres et aux castes inca élevées pour les rituels sacrés, gagne toutes les couches de la population.

La toxicomanie cocaïnique en Amérique du Sud est ainsi aujourd'hui très importante. On tend à distinguer deux sortes de consommateurs : ceux qui absorbent jusqu'à 30 grammes de coca par jour et ceux qui dépassent cette dose pour atteindre même parfois plus de 100 grammes par jour. L'amateur de coca porte le nom de *« coquero »;* il est porteur d'un sac spécial contenant ses feuilles, appelé *« chuspa »* ou *« pisca »* suivant les régions. Chaque mastication *(cocada)* dure environ une demi-heure et les *coqueros* ajoutent à la chique mastiquée de nouvelles feuilles qui peuvent être recrachées ou avalées. Le *coquero* endurci se reconnaît à son apathie générale, sa mauvaise haleine, ses lèvres minces et pâles, ses dents vertes et réduites à l'état de chicots. Les commissures des lèvres sont noires, la peau est jaunâtre, la démarche mal assurée et le regard perpétuellement dans le flou. La mastication entraîne une déformation anatomique permanente de la joue connue sous le nom de *« piccho ».* (Les consommateurs de khat souffrent de cette même déformation.) Une substance alcaline (un mélange de cendre et de chaux) libère la cocaïne de la feuille et permet également une meilleure absorption intestinale des constituants. Elle est introduite dans la bouche à l'aide d'un petit bâton qu'il s'agit de mâcher. Cet usage permet de combattre la fatigue et la faim, non sans donner du plaisir au consommateur.

Introduite en Europe peu après la conquête du Pérou, elle est bientôt employée par les médecins en infusion et décoction pour de nombreux traitements. Mais les techniques médicales de l'époque et la lenteur des transports ne permettent pas une parfaite et pleine utilisation rationnelle de la plante. En 1857, l'Italien

Rizzi, pharmacien des hôpitaux de Bolivie, extrait de la coca l'alcaloïde actif qu'il appelle la « cocaïne », mais sa découverte reste ignorée. En 1859, la cocaïne est isolée par le chimiste viennois Albert Niemann qui la fait connaître au monde scientifique. L'action thérapeutique de la cocaïne permet l'anesthésie des tissus profonds. La cocaïne est en clair l'un des plus puissants anesthésiques locaux, mais aussi l'un des plus dangereux. Très répandu entre 1880 et 1905, l'emploi de la cocaïne s'est considérablement réduit de nos jours en thérapeutique ; elle est encore utilisée par quelques experts lors de certaines opérations. Aujourd'hui, cependant, son usage est principalement de nature illicite.

On constate depuis quelques années en Amérique du Sud une toute nouvelle habitude de fumer de la pâte de coca (appelée « *pasta* ») qui s'accompagne d'effets beaucoup plus violents que ceux de la cocaïne. Cette nouveauté présente des risques considérables et de graves conséquences psychopathologiques ; elle engendrerait en effet très rapidement une réelle dépendance au niveau psychique, voire une dépendance physique selon des spécialistes. Son développement touche essentiellement le Pérou, la Colombie et la Bolivie. Appelée à tort « la base libre », cette substance est plus dangereuse que la cocaïne et son chlorhydrate ; elle est aussi d'un coût moindre. C'est dans les régions de Santa Cruz et de Montero en Bolivie que se trouve la majorité des laboratoires d'Amérique du Sud produisant cette *pasta* qui n'est autre, en fait, que du sulfate de cocaïne. Le trafic de cette pâte a considérablement augmenté en Amérique du Sud comme en Amérique du Nord depuis 1984 car elle sert également de matière première pour la fabrication de la cocaïne. La cocaïne-base est le produit de deux extractions en milieu alcalin alternées par un passage en milieu chlorhydrique à l'aide de kérosène ou assimilé, carbonate de sodium, ammoniaque, acide chlorhydrique, soude et autres solvants. La *pasta* est généralement de couleur jaunâtre ; la cocaïne-base peut être jaunâtre voire brunâtre ; sa pureté peut varier de 75 à plus de 90 %. En Colombie, près de 100 tonnes de *pasta* sont transformées annuellement en cocaïne. Les autorités sanitaires de ces pays s'inquiètent de l'ampleur de cette nouvelle forme de toxicomanie qui est à l'origine de troubles psychologiques plus graves qu'avec la drogue traditionnelle et notamment l'usage de la coca, « socialement admissible », dont certains prétendent même que l'emploi est bénéfique pour la santé. Les États-Unis connaissent quant à eux, depuis 1984-1985, une toxicomanie issue directement du sulfate de cocaïne plus connu sous le nom de *« crack »*. On obtient le *« crack »* soit à partir du chlorhydrate de cocaïne, soit à partir de la pâte de cocaïne *(pasta)* par adjonction ou mélange avec certains produits (du bicarbonate de soude) ; il est produit en laboratoire clandestin et vendu prêt à la consommation pour un prix de près de dix fois inférieur à celui de la cocaïne ; il se négocie entre 150 et 400 francs le « caillou » en France. Son usage habituel provoque une tolérance et une dépendance physique et psychique forte ; le surdosage peut même conduire directement à la mort. Il se présente de couleur blanchâtre, parfois légèrement jaunâtre. Cette drogue se répand de plus en plus en Europe, en Asie et en Afrique.

Le cocaïer. — Le cocaïer est un arbrisseau qui pousse à l'état sauvage dans la cordillère des Andes, principalement sur le versant oriental, à des altitudes variant entre 300 et 2 000 mètres. Il mesure de 1,50 mètre à 4 mètres de hauteur par endroit. Il lui faut un climat humide avec une température moyenne de 20 °C. C'est un arbre à feuilles persistantes dont le tronc blanchâtre est rugueux.

La fleur est petite (de 1 à 2 cm) ; elle se développe seule ou en petits groupes à l'aisselle de la feuille. Sa couleur est blanche, tirant sur l'ivoire. Son odeur rappelle celle de l'amande. Sa fleur est hermaphrodite et le calice comporte cinq sépales ; la corolle également.

Le fruit est de petite taille (1 à 2 cm) ; il s'agit d'une drupe oblongue entourée d'une enveloppe charnue renfermant un seul noyau à embryon droit placé dans un albumen. Lorsqu'il est très jeune, le fruit est de couleur vert clair mais il prend une teinte de jaune puis de rouge lorsqu'il parvient à maturité. Les feuilles sont de couleur vert clair sur la partie supérieure, jaunâtre sur la partie inférieure.

Le cocaïer se cultive en terrasse entre 450 et 2 000 mètres dans la bande qui s'étend du détroit de Magellan au rivage de la mer des Caraïbes, principalement du Nord de la Colombie à la région de Cocha-Bamba en Bolivie et au Pérou le long du Pacifique sur les pentes des Andes. Il a également été cultivé en Inde, dans les îles de la Sonde et au Sri Lanka. Enfin, l'arbre a été introduit dans les îles Hawaï. Il pourrait pousser dans nos régions tempérées mais la teneur en alcaloïdes serait très diminuée du fait de l'alternance des saisons.

Les méthodes de culture des plantations de coca demeurent les mêmes depuis plusieurs siècles. Les fruits, sélectionnés par flottage dans l'eau (ceux qui surnagent étant éliminés parce que souvent victimes de divers parasites), sont plantés dans les quinze jours de la récolte dans des pépinières à toit de chaume ; enterrés dans un sol sablonneux et léger, à l'abri du soleil, ils font l'objet d'un arrosage fréquent. La transplantation s'effectue dès que les jeunes pousses atteignent 50 à 80 cm soit entre deux et six mois, parfois plus. La plante est alors repiquée. La récolte s'effectue la deuxième année. La plante vit cinquante à cent ans.

Les récoltes régulières *(mittasa)* sont au nombre de trois, exceptionnellement de quatre. Elles s'opèrent aux mois de juillet, de novembre et de mars. (Cette dernière demeure la meilleure.) La feuille est cueillie à la main par les femmes et les enfants dès qu'elle parvient à maturité, c'est-à-dire lorsque la couleur est légèrement jaunâtre et que la feuille devient craquante quand on la courbe. Elle est desséchée avec soin à l'abri du soleil. On fabrique ensuite des balles de 30 à 50 kilos nommées « tambours ». La teneur en cocaïne diminue rapidement avec le temps.

La production de cocaïne. — La cocaïne est produite sur le continent sud-américain à partir de récoltes illégales. Les trafiquants de la Bolivie et du Pérou acheminent leurs productions de coca vers la Colombie, parfois sous forme de *pasta.* Les trafiquants de ce dernier pays semblent être les véritables cerveaux de la « filière latine » qui englobe, outre ces trois pays, le Brésil, les sept cents îles de l'archipel des Bahamas, des Caïmans et de la

Jamaïque. Fabriquée dans la région florissante de Santa Cruz, en Bolivie, et de Tingo Maria (appelée aussi « la Ville blanche ») au Pérou, la marchandise subit un ultime raffinage, principalement dans la région de Léticia au Sud de la Colombie, sur les frontières avec le Brésil et le Pérou.

Pour les pays exportateurs de cocaïne, la drogue est une véritable ressource économique, si ce n'est même la première d'entre toutes. Le marché américain ne pouvant plus consommer toute la drogue produite, de nouveaux débouchés sont recherchés vers l'Europe occidentale et d'autres pays. Ces marchés sont attaqués avec d'autant plus d'agressivité qu'un sac de 50 kilos de feuilles de coca d'une valeur de 10 000 pesetas peut donner 50 grammes de cocaïne qui atteindront sur le marché de la drogue 20 000 pesetas le gramme ! Les bénéfices considérables retirés de ce trafic laissent présager de vives offensives de la *latin connection* vers l'Europe occidentale et expliquent l'incapacité où nous sommes de pouvoir maîtriser cet afflux de « neige », comme en témoignent les saisies actuelles de cocaïne dans le monde.

La cocaïne se présente sous forme de cristaux qui ont l'aspect de prismes rhomboïdaux obliques. Ils sont incolores, de saveur amère et laissent sur la langue une impression particulière d'anesthésie. Elle est peu soluble dans l'eau. Elle est cependant soluble dans les solvants organiques. Elle fond à 98 °C. Chez les trafiquants et revendeurs, elle se présente sous forme de poudre blanche floconneuse et cristalline ressemblant à de la neige. Elle prend parfois la forme de plaquettes ou de carrés de sucre. Argotiquement, elle prend alors les noms de « coco », « neige », « poudre de soie », *« leaf »*, *« snow »*, « c », *« cecil »*, « coke », etc.

Le trafic illicite de cocaïne. — À l'origine, les trafiquants de cocaïne ont travaillé principalement en direction des États-Unis qui demeurent le premier demandeur mondial en cocaïne. Les produits sont de nos jours embarqués à bord de navires ou par avion vers les États-Unis, l'Europe ou l'Afrique. Les passeurs sont aujourd'hui de véritables professionnels souvent insaisissables et très

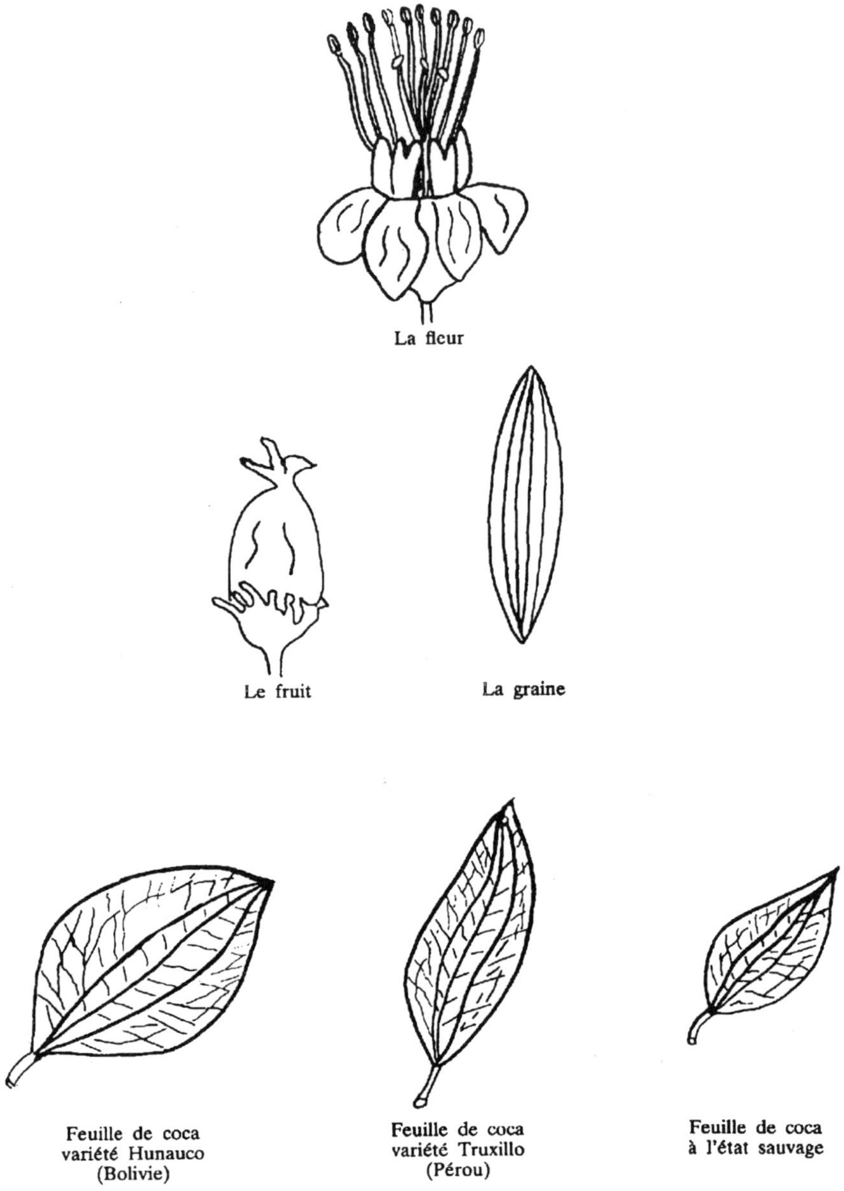

Le cocaïer (erythroxylon coca L.)

prudents qui dissimulent les marchandises soit dans des caisses ou autres caches comme des valises à double fond, soit directement sur eux jusque dans des cavités naturelles du corps. Il existe un ensemble de filières bien structurées, d'autant plus difficiles à pénétrer par les services de répression que la cocaïne n'est pas toujours vendue dans la rue, comme les autres stupéfiants, mais dans des établissements divers (quoique l'on en trouve de plus en plus auprès de revendeurs dans la rue ou le métro à Paris).

Une fois entre les mains des revendeurs et des *« dealers »,* la « poudre de soie » est souvent recoupée et diluée avec des substances d'aspect semblable tels l'amidon, le sucre et le talc qui sont inactives ; d'autres substances psychotropes comme la procaïne ou la benzocaïne peuvent être également utilisées. Ces manœuvres, qui permettent bien sûr d'accroître la quantité de produit à vendre, visent essentiellement à générer des bénéfices plus importants à chaque niveau intermédiaire de la chaîne des trafiquants.

La montée de ce trafic illicite dans notre pays est particulièrement inquiétante. Pendant longtemps, la cocaïne a été réservée à une partie aisée de la population compte tenu de son prix (600 à 800 francs le gramme, parfois plus) ; elle touchait essentiellement les milieux financiers ou médicaux, ceux de la politique, de la presse, de la mode et du spectacle. Cependant, cette drogue tend à se « démocratiser » de plus en plus et à « descendre dans la rue », d'où elle était encore absente il y a quelques années. Cette toxicomanie se répand au point qu'il n'est pas rare de trouver dans les studios d'enregistrement « glaces » (sur lesquelles on étale la poudre de cocaïne) et « lames de rasoir » (pour réduire la quantité de poudre et la doser) parmi les accessoires courants, ce afin que les cocaïnomanes puissent « se faire une petite ligne », c'est-à-dire une ligne de quelques centimètres que l'on aspire par le nez avec une paille. Les modes d'administration sont nombreux et divers. La ligne se « sniffe ». Mais les plus « accrochés » peuvent se l'injecter par voie sous-cutanée ou intraveineuse, mélangée parfois à d'autres substances comme l'héroïne (on appelle ce mélange *« speed-ball »*). D'autres l'absorbent par voie digestive, ingérée oralement, en solution. Il arrive que certains appliquent directement la poudre sur la muqueuse de la bouche, du vagin ou du rectum. Enfin, d'aucuns préfèrent fumer la *pasta* (sulfate de cocaïne) ; d'autres encore jettent leur dévolu sur le *crack*. Certains cocaïnomanes se livrent enfin à une transformation personnelle délicate et particulièrement dangereuse connue sous le nom de « *free-basing* » ; cette dernière opération vise à obtenir un sulfate de cocaïne fumable à partir de cocaïne mélangée à un solvant (éther) suivant des manipulations très risquées ; la pureté d'un tel produit est, selon les spécialistes, alors supérieure à celle de la *pasta*.

Les effets de la cocaïne. — Les effets de la cocaïne, stimulant du système nerveux central et sympathique, sont différents suivant le degré d'atteinte du toxicomane. Lors de la première prise, les sensations sont plutôt désagréables ; le drogué est nauséeux. Il souffre d'une certaine faiblesse, d'énervement et d'insomnie. Lors de la deuxième prise, il est plus « euphorique » ; c'est l'exaltation qui va d'ailleurs bientôt l'attacher à la cocaïne. Le phénomène d'accoutumance joue ici très vite. Les petits toxicomanes (jusqu'à 1 gramme par jour en deux ou trois prises) et les toxicomanes moyens (1 à 3 grammes par jour) doivent bientôt être distingués des grands toxicomanes (3 à 5 grammes par jour). La dépendance physique vis-à-vis de la cocaïne n'est pas établie, mais les phénomènes de polytoxicomanie avec l'héroïne, et la récente apparition de la *pasta* dont l'usage s'avère plus dangereux que la cocaïne elle-même, laissent à penser que la question est loin d'être simple ; certains spécialistes ont déjà repéré des états de dépendance physique chez des consommateurs de *pasta*.

Cette toxicomanie mène tout d'abord à un certain sentiment de joie et d'allégresse. Physiquement, le sujet se sent vigoureux, plus fort, plus adroit et semble ignorer la fatigue. Intellectuellement, il se sent plus lucide, plus optimiste et plus confiant. Mais ce dynamisme d'emprunt temporaire appelle de nouvelles doses par lesquelles le toxicomane « s'accroche ». Le *junky* se reconnaît bientôt par ses yeux qui présentent un éclat particulier et par la mydriase de ses pupilles. Il devient maigre, apathique, indifférent et commence à souffrir parallèlement de fortes démangeaisons et picotements qui l'obligent à se gratter très douloureusement. Cette toxicomanie très dangereuse provoque au bout du compte des accidents, des troubles, des désordres mentaux. Une grande excitation et une hyperactivité liées à des insomnies, des pertes d'appétit et une prolixité de propos sont les signes incontournables d'une très forte dépendance psychologique de la cocaïne. L'euphorie, les hallucinations apparaissent mêlées à de l'anxiété, des tremblements et une stimulation qui occulte les sensations de fatigue. Les pupilles sont dilatées. De dangereuses convulsions ainsi que des hépatites graves peuvent enfin survenir chez le cocaïnomane dont l'irritabilité extrême peut être à l'origine d'incidents ou d'accidents divers. Des risques de psychose même ne sont pas impossibles.

La *pasta* provoque une euphorie qui s'accompagne de risques d'anémie et de perte de poids. L'hypertension et l'accélération du pouls cardiaque constituent les principaux symptômes d'une consommation abusive de *pasta.* Diverses crises de léthargie ou de boulimie alliées à des frissons et des douleurs musculaires caractérisent souvent l'état de manque chez l'intoxiqué à la *pasta* ou le fumeur de *crack.* Des cas de décès par crise cardiaque suite à des overdoses ont même été recensés aux Amériques.

Le *crack* est une variante de la transformation du chlorhydrate de cocaïne en cocaïne-base à fumer, procédé déjà connu sous le nom de « *free-basing* » ou « base libre ». Le procédé du « *free-basing* » consiste en général à chauffer du chlorhydrate de cocaïne en présence d'éther ou d'un autre solvant inflammable et à inhaler les vapeurs de cocaïne-base ainsi produites. Cette technique de préparation peut provoquer de graves risques d'explosions ou d'incendie. Le *crack* supprime quant à lui l'utilisation des solvants inflammabes, car il ne nécessite pour sa fabrication que du bicarbonate de soude ou de l'ammoniaque ajouté à du chlorhydrate de cocaïne. Après chauffage, puis refroidissement, ce mélange produit des cristaux blancs de cocaïne-base durcie. Le *crack* fabriqué à partir de l'ammoniaque est réputé pour ses effets euphoriques majeurs, plus forts et plus dangereux que le *crack* préparé avec du bicarbonate de soude. Il se consomme généralement avec une cigarette ; il est fumé avec du cannabis ou du tabac, ce qui accentue sa concentration dans le sang. Le flash, très puissant, intervient après 10 secondes et entraîne des effets sur l'organisme durant 5 à 10 minutes seulement. Mais l'état de manque apparaît très vite chez le consommateur de *crack,* ce qui en fait un produit excessivement dangereux.

De l'ergot de seigle au LSD

Aperçu historique. — Au Moyen Âge, l'ergot de seigle *(claviceps purpurea)* a été à l'origine d'épidémies redoutables dans quelques cantons de la Silésie, de la Prusse, de la Bohême, de la Hesse, de la Lusace, de la Saxe et de la Suède, notamment durant les grandes famines. Ce parasite qui pousse surtout sur le seigle provoquait des maladies très dangereuses, voire mortelles, connues sous les noms de « feu de Saint-Antoine », « feu sacré » ou « mal des Ardents ».

De nombreux auteurs et chroniqueurs ont rapporté des témoignages à ce sujet. Sigebert de Gembroux ainsi décrit les maux de la mortelle épidémie lorraine de 1089 durant laquelle le « feu sacré » dévora un grand nombre de femmes et d'hommes. Le « feu sacré » pourrit les corps et ses victimes meurent « par dissipation du membre avec pourriture et molesse » écrit Guy de Chauliac en 1363 dans son manuscrit *Grande Chirurgie.* En 1736, J.-A. Srinc rapporte les divers effets constatés dans le pays de Wurtemberg chez les individus frappés par « l'ergotisme convulsif » ; certains d'entre eux deviennent aveugles ou voient les objets en double et paraissent ivres. On différencie cette maladie de « l'ergotisme gangreneux » dû à l'absorption d'une grande quantité de seigle ergoté ; des gangrènes font en effet suite à cette consommation de seigle. Dans tous les cas, les principaux symptômes de l'ergotisme sont des crises d'hallucination et de folie. Les ravages causés par ce « mal des Ardents » auront été très importants au Moyen Âge.

En 1717, le Dr Karl Nikolaux Lang pense que l'ergot de seigle est à l'origine de l'épidémie qui sévit en Suisse à cette époque.

Mais ce n'est qu'en 1777 que l'Abbé Teissier parvient à établir un rapport entre l'ergot de seigle et ce « mal des Ardents » qu'il détaillera dans son ouvrage *Sur la maladie du seigle appelée ergot*. À sa suite, on ne consommera plus de seigle sans que les ergots en soient extraits. Cette mesure salutaire permettra enfin de stopper le développement de cette maladie.

Un peu de botanique. — Le *claviceps purpurea* est donc un petit champignon parasite qui atteint le seigle, le froment ou l'avoine. On le rencontre principalement sur le seigle sous forme d'ergot.

L'abbé Teissier en donne la description suivante dans son *Mémoire sur les observations faites en Sologne* de 1797 : « L'ergot est un grain ordinairement courbe et allongé; il déborde de beaucoup la balle qui lui tient lieu de calice. Ses deux extrémités, moins épaisses que la partie moyenne, sont tantôt obtuses, tantôt pointues. Rarement il est arrondi dans toute sa longueur; le plus souvent on y remarque trois angles mousses et des lignes longitudinales, qui se portent d'un bout à l'autre. On aperçoit dans plusieurs grains d'ergot des petites cavités qu'on croirait fermées par des piqûres d'insectes. La couleur de l'ergot n'est point noire, mais violette, avec différents degrés d'intensité. On remarque sur la plupart des grains dont il s'agit quelques traces blanchâtres à l'une des extrémités : c'est par où l'ergot était adhérent à la balle. L'écorce violette de ces grains recouvre une substance d'un blanc terne et d'une consistance ferme, dont elle ne se sépare pas même après une longue ébullition. Les grains ergotés se rompent facilement, et se cassent net en faisant un petit bruit comme une amande sèche. Dans l'état de grain, l'ergot n'a une odeur désagréable que quand il est frais et réuni en quantité; mais s'il est réduit en poudre, cette odeur est plus sensible et plus développée; il imprime alors sur la langue une saveur légèrement mordicante et tirant sur celle du blé corrompu.» Une étude plus récente réalisée par Hans-Franz Mauch et Konrad Lauber fait état des constatations suivantes; il s'agit d'un « parasite se rencontrant sur le seigle fleuri et sur d'autres graminées sortant de l'épi sous forme de sclérotes dures, de 1 à 3 cm, en fuseau, d'abord incarnat, puis noir, pourpre à violet foncé, l'intérieur restant blanc. Ces sclérotes ne sont pas des fructifications mais des organes de durée. Ils tomberont sur le sol à la moisson et pourront germer au printemps suivant, produisant alors des fructifications pédicellées sphériques de la grosseur d'une tête d'épingle, de couleur pourpre-orangé contenant intérieurement des groupes d'asques d'où sortiront, à maturité, les pores qui seront à nouveau disséminés pour infester des graminées, selon un cycle immuable.»[30]

L'ergot de seigle est vénéneux ; il contient des substances psychoactives dont les effets sont hallucinatoires. Certains alcaloïdes de ce champignon sont utilisés en médecine tel l'ergotamine.

Quelques éléments de chimie. — Entre 1918 et 1944, les chimistes des laboratoires Sandoz effectuent des recherches sur le *claviceps purpurea.* Les Prs Stoll et Hofmann parviennent à isoler douze paires d'alcaloïdes isomères qui ont une structure de base en commun, l'acide lysergique, et provoquent une contraction puissante des fibres lisses des vaisseaux sanguins. Mais ce n'est que le 16 avril 1943 qu'Albert Hofmann découvrira accidentellement les propriétés hallucinogènes du LSD 25, c'est-à-dire du diétylamide de l'acide lysergique. (Le chiffre 25 indique simplement que ce produit synthétisé était le 25e corps d'une série de 27 molécules synthétisées dans cette même famille.) C'est à Bâle que ce chercheur découvrira qu'il suffit de 50 millièmes de milligramme de ce produit pour déclencher des hallucinations. « Un litre de ce liquide incolore, inodore et sans saveur, aurait suffi à envoyer “en voyage” toute la population de l'agglomération parisienne » écrit J.-M. Pelt[31]. Les recherches et les résultats de ces études resteront très longtemps secrets afin d'éviter l'utilisation incontrôlée de ce produit aux terribles conséquences, notamment durant la seconde guerre mondiale.

Le LSD 25 se présente sous forme de cristaux très fins, de couleur blanche. On ne peut de fait pas aisément le différencier d'autres drogues qui se présentent également sous forme de poudre blanche (cocaïne, etc.). Le LSD 25 commercialisé sur le marché clandestin est plutôt de couleur jaune, du fait des divers produits avec lesquels il est mélangé.

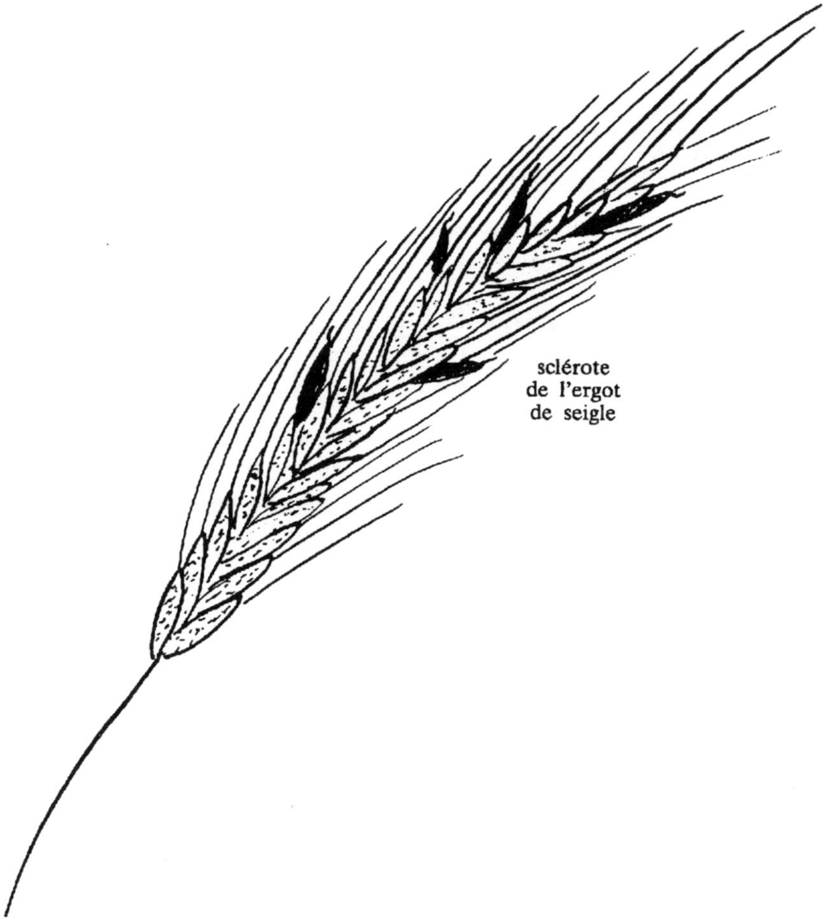

Ergot de seigle

Généralement, les doses de LSD 25 vendues se présentent sous toutes sortes de formes, du comprimé à la capsule en passant par la tablette ou sous forme de liquide répandu sur du buvard, le plus souvent sous forme de tartrate soluble dans l'eau. Il peut se présenter ainsi sous toutes les couleurs possibles, destinées à tromper la vigilance des services chargés de la répression du commerce illicite des stupéfiants. Certains trafiquants imprègnent encore des sucres de LSD 25 pour en permettre une absorption plus facile et un transport plus discret.

Les effets du LSD. — Les effets du LSD dépendent de la pureté des produits et de la stabilité psychologique de l'usager ; c'est d'ailleurs un peu le cas pour toutes les drogues. Les effets du LSD 25 sont quoi qu'il en soit très puissants, car c'est un des produits les plus actifs qui soient. 25 microgrammes provoquent déjà des effets chez des consommateurs sensibles ; cependant, les doses normales varient entre 200 et 500 microgrammes que le toxicomane ingère généralement avec un sucre, une pâtisserie ou un autre aliment qui rendra l'opération plus agréable. Les effets parviennent à leur paroxysme entre 3 et 5 heures après l'absorption du LSD. L'utilisateur sue d'abord anormalement, un sentiment de froid très intense l'habite et des maux de tête vont le tarauder plus ou moins rapidement, selon que le LSD 25 a été ingéré, « sniffé » ou injecté. Il faut une heure maximum pour ressentir les premiers effets de ce produit (moins s'il a été injecté).

Si la dépendance physique est inexistante pour ce produit, il n'en est pas de même quant à la dépendance psychologique et la tolérance issues de son utilisation. Le toxicomane présente des variations d'humeur, se trouve bientôt victime d'hallucinations graves d'ordre sensoriel. Il peut être pris de panique au cours de phases dépressives ou traverser tout aussi bien une phase d'euphorie et d'anxiété, être encore affecté de tremblements, avoir un comportement irrationnel et tenir des propos décousus ; il sue très souvent, ses pupilles sont dilatées. Des cas de psychoses peuvent survenir chez l'usager de LSD 25 de même que des dommages au niveau chromosomique ; notons que des cas de « folie » irréversible se sont déclarés chez ce genre de consommateur, parfois à la première absorption.

Ce produit modifie le cours normal de la pensée. Une phase d'illusion précède en fait une phase dépressive durant laquelle le sujet peut être tenté de se suicider, parfois involontairement. C'est ainsi que certains malheureux se prenant subitement pour un volatile quelconque se jettent par la fenêtre. Le LSD 25 entraîne également des réactions paranoïaques.

Le consommateur, victime d'hallucinations diverses et de toutes sortes d'illusions, est le témoin de rêves fantastiques où toutes les formes et les couleurs « se conjuguent à tous les temps » et se « marient dans mille harmonies irrationnelles » qui peuvent devenir cauchemardesques ; l'aventure toxicomaniaque aboutit alors à ce que les initiés appellent un *« bad trip »* (mauvais voyage).

Le LSD 25 enfin est 100 fois plus puissant que la psilocybine et 4 000 fois plus fort que la mescaline. Il peut, dès la première prise, entraîner des lésions irréversibles au niveau du cerveau.

Il arrive encore que, par ce qu'on appelle « le retour d'acide », le voyage reprenne, parfois après plusieurs semaines, voire plusieurs mois, sans que la personne ait repris du LSD. Ce « retour d'acide » n'est alors évidemment pas sans créer de panique chez l'utilisateur surpris, *a fortiori* s'il survient alors qu'il est au volant, sur l'autoroute...

Certains polytoxicomanes usent par ailleurs de LSD mélangé à des amphétamines, ce qui a pour conséquence de rendre l'utilisateur violent et dangereux pour autrui. « Cette même association peut être responsable de malformations congénitales. C'est même une des rares drogues dont la prise est une indication d'interruption volontaire de grossesse » précise le Dr F. Curtet. Ce n'est que depuis 1965 que, sous la pression des instances internationales, les établissements suisses Sandoz ont cessé leur production légale de LSD 25. Seules des quantités très faibles sont toujours produites à usage psychiatrique exclusivement. Même si ce produit semble actuellement tomber en désuétude, il reste commercialisé sur le marché clandestin de la drogue.

Le peyotl et la mescaline

Aperçu historique. — Les Tarahumaras qui se sont installés au Mexique en même temps que les Aztèques connaissent depuis longtemps les propriétés psychoactives du peyotl *(lophophora Williamsii)*, une plante de la famille des cactées. Cette ethnie survit actuellement dans les hauts plateaux de la Sierra Madre occidentale, zone particulièrement accidentée s'il en est qui culmine à 2 600 mètres. Le peyotl y est consommé sous une forme rituelle, placée sous la direction d'un chaman.

Les autorités mexicaines ont eu recours, lors des Olympiades de 1948, aux capacités extraordinaires des Tarahumaras, particulièrement prédisposés pour les épreuves du marathon. Les chamans, chargés d'assister les coureurs, les suivirent jusqu'à Amsterdam lors des Jeux. On suppose aujourd'hui que ces « soigneurs frictionnaient les membres et le corps des athlètes avec des tranches séchées de peyotl, ce cactus au pouvoir magique »[(32)]. Il faut préciser qu'à l'instar de la feuille de coca dans les Andes le peyotl permet notamment de surmonter la fatigue, d'apaiser la faim et la soif et s'avère être un véritable stimulant. Mais l'absorption de ce produit entraîne parallèlement des réactions secondaires plutôt désagréables. C'est la raison pour laquelle les coureurs du marathon absorbaient du *tesquino*, un genre de bière locale, pour entraver ces éventuelles réactions. C'est certainement l'une des raisons qui poussent les consommateurs de mescaline à boire du whisky au moment même où ils prennent la drogue.

Une légende particulièrement intéressante, empruntée aux littératures traditionnelles des Tarahumaras, conte l'origine du peyotl. « Le dieu du vent provoqua un jour sur le plateau de la zone Tarahumaras un tourbillon qui se présenta comme étant la queue d'un cerf, se transmua en peyotl [...]. Puis le dieu offrit aux indigènes la cactée et leur demanda de la goûter, ce qu'ils firent. Ils attribuèrent ainsi aisément au peyotl des pouvoirs divins, une certaine capacité de tirer l'homme de la vie quotidienne terrestre pour le transporter bien au-delà, dans d'autres univers... »[(33)]

Ces utilisations du peyotl précédèrent des pratiques suivies par des Indiens christianisés. Après 1890, « le culte du peyotl, christianisé, pratiqué par les communautés indiennes du Nord-Ouest du Mexique, franchit les frontières et trouva des adeptes aux États-Unis où se formèrent des sectes chrétiennes vouées au culte du peyotl. Ces sectes ont contribué de façon indirecte à faire naître aux États-Unis des groupes d'un nouveau genre s'adonnant au peyotl et à d'autres hallucinogènes.» Et H. Leuenberger d'ajouter : « Ce n'est pas pour rien que les hippies se déguisèrent en Indiens ! »(34).

La Native American Church, secte du peyotl, connut un développement et un engouement extraordinaires. Le prosélytisme de l'Indien cheyenne Alfred Wilson qui consacra sa vie à l'église américano-indienne du peyotl fut en particulier fort efficace. À sa suite, Timothy Leary et Aldous Huxley firent l'éloge de ce produit qui, dans la pharmacologie moderne, est « une substance active destinée à élargir l'être conscient »(35). Les écrits de ces intellectuels offrent en effet une vision stimulante et poétique de cette « plante magique ». « Nous fûmes absorbés par les visions, les méditations, les sensations de la vue et de l'ouïe, jusque vers six heures du soir, moment où le monde était déjà passablement hors de ses gonds, cependant que la tension croissait douloureusement. On eût dit que la marée d'images ne suffisait plus ; il nous fallait la laisser derrière nous. Nous aspirions à une troisième dose, plus forte... »(36)

Un peu de botanique. — En 1886, le Dr Louis Lewin rapporte de son voyage d'Amérique centrale du peyotl à Hennings, docteur du musée botanique de Berlin, qui baptisa la plante *« anhalonium Lewinii L.»*. D'autres lui donnèrent encore le nom de *« echinocactus Williamsii L.»*. Le peyotl prit finalement le nom botanique de *« lophophora Williamsii L.»*.

Le mot « peyotl » quant à lui est le terme aztèque d'une petite cactée globuleuse, non épineuse, localisée dans les déserts de sable des hauts plateaux du Mexique septentrional et dans la région du Rio Grande, à des altitudes généralement proches de

2 000 mètres. Patrick Allain en donne la description suivante : « La plante, sorte de nopal de terre, est blanche. La tige charnue, grisâtre à la base et vert cendré à sa partie supérieure, atteint 15 à 20 centimètres de haut sur 5 à 10 centimètres de diamètre. Sa partie supérieure a l'aspect d'une grosse molaire présentant 4 à 12 protubérances garnies de poils ; dans la dépression centrale apparaissent parfois les fleurs, roses ou blanches, solitaires, et le fruit, baie rose à graines peu nombreuses. Le cactus jeune, à 4 facettes (semblable à un carré de deux diagonales), prolifère peu à peu avec le temps pour passer à 8 et même à 12 sections.»[(37)]

Les effets de la mescaline. — Le principe actif du peyotl, la mescaline, a été isolé pour la première fois en 1896 par Heffer. La mescaline qui provoque principalement des hallucinations fait partie des neuf alcaloïdes qui composent le peyotl.

La mescaline entraîne une dépendance psychologique chez l'usager habituel, mais aucune dépendance physique. Le sujet est anxieux, s'agite, présente une hyperactivité anormale. Il est l'objet d'hallucinations, de nausées, il arrive qu'il vomisse. Ses pupilles se dilatent. Des dangers d'ordre hépatique peuvent résulter de cette consommation. Les effets à long terme sont mal connus ; cependant, la consommation de mescaline semble être parfois à l'origine de paranoïas.

La mescaline est une huile qui contient un alcaloïde puissant soluble dans l'eau, l'alcool et le chloroforme. Si on y ajoute des acides (tels la nicotine ou l'ammoniac), on obtient des sels cristallisés. La dose moyenne varie entre 0,4 gramme et 0,6 gramme. La mescaline est par ailleurs beaucoup moins puissante que le LSD 25 (5 000 à 10 000 fois moins). « En effet, 0,05 mg de LSD produit les mêmes effets que 0,2 à 0,5 gramme de mescaline » selon Hoffman[(38)]. Selon Lewin, « l'*anhalonium* procure à celui qui en use, par une excitation particulière, des jouissances d'une espèce particulière. Même s'il se les procure sous forme de fantasmes sensoriels, ou de concentration extrême de la vie intérieure la plus pure, cela survient sous des formes si particulières, si supérieures à la réalité, si insoupçonnées, que celui qui en est l'objet se croit transporté en un monde nouveau de la sensibilité et de l'intelligence. On comprend que le vieil Indien du Mexique ait vénéré cette plante presque à l'égal d'un dieu et qu'il ait vu en elle l'incarnation végétale d'une divinité.»[39] Comme le peyotl, la mescaline peut être ingérée ; mais elle peut être tout également injectée dans le corps humain. Les réactions sont différentes selon l'état et la préparation physique et psychologique du sujet qui l'utilise. Les pupilles se dilatent pendant plusieurs heures comme chez les utilisateurs de cocaïne et de haschisch. La vue et l'ouïe s'altèrent ; le sujet est angoissé et ressent une certaine oppression au niveau du cœur ; le toucher et l'odorat sont également altérés durant l'expérience toxicomaniaque. La perception de l'espace et celle du temps sont modifiées par les effets psychoactifs du produit qui provoque toutes sortes d'hallucinations à l'instar des autres hallucinogènes. Mais les effets varient selon les individus.

Dans *Les Portes de la perception,* Aldous Huxley résume ce qui se produit chez les utilisateurs de mescaline de la manière suivante : «1. – L'aptitude à se souvenir et à “penser droit” est peu diminuée, si tant est qu'elle le soit. (En écoutant les enregistrements de ma conversation alors que j'étais sous l'influence de la drogue, je ne puis découvrir que j'étais alors plus bête que je ne le suis d'ordinaire.) 2. – Les impressions visuelles sont considérablement intensifiées, et l'œil recouvre en partie l'innocence perceptuelle de l'enfance, alors que le *“sensum”* n'était pas immédiatement et automatiquement subordonné au concept. L'intérêt porté à l'espace est diminué, et l'intérêt porté au temps tombe presque à zéro. 3. – Bien que l'intellect demeure non affaibli, et bien que la perception soit énormément améliorée, la volonté subit une modification profonde, en mal. Celui qui a pris de la mescaline ne voit aucune raison de faire quoi que ce soit en particulier, et trouve profondément inintéressantes la plupart des causes pour lesquelles, en temps ordinaire, il était prêt à agir et à souffrir. Il ne peut se laisser tracasser par elles, pour la bonne raison qu'il a des choses meilleures pour occuper sa pensée. 4. – Ces choses meilleures peuvent être éprouvées (comme je les ai éprouvées) “là-bas” ou “ici”, ou dans les deux mondes, l'intérieur et l'extérieur, simultanément

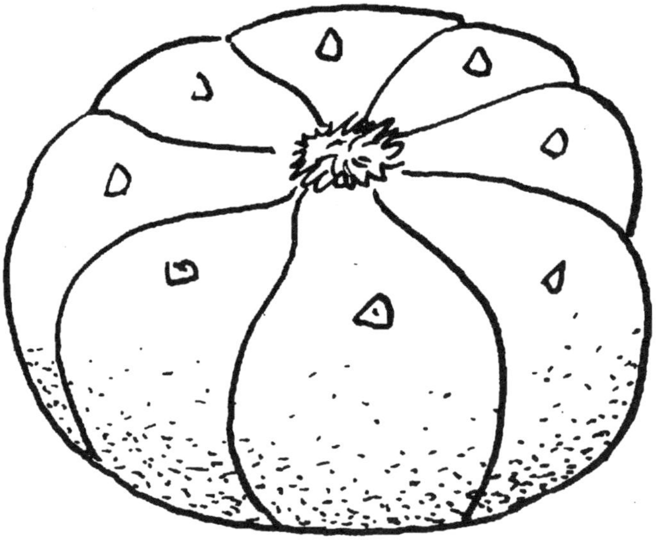

La cactée du peyotl
(lophophora Williamsii)

Une variété de peyotl
(lophophora diffusa)

ou successivement. Qu'elles soient effectivement meilleures, cela paraît évident en soi à tous ceux qui absorbent de la mescaline en ayant le foie en bon état et l'esprit en repos.»[40] La consommation de mescaline n'entraîne *a priori* aucune accoutumance ni dépendance physique; cependant, la dépendance psychique existe dans de nombreux cas. La mescaline peut être injectée; d'autres préfèrent humer la fumée de peyotl séché; le plus souvent, elle est ingérée par voie buccale. Les effets de la mescaline apparaissent assez lentement après l'absorption du produit mais ils peuvent durer entre 10 et 18 heures. À forte dose, des maux de tête peuvent apparaître; un ralentissement du système cardio-vasculaire ainsi que de la respiration peuvent également se produire.

Les champignons hallucinogènes

Il existe de très nombreuses variétés de champignons hallucinogènes qui possèdent un pouvoir psychédélique. Ils se rencontrent principalement en Amérique; il en existe également en Martinique, dans les îles Caraïbes et en Europe. Mais c'est surtout en Amérique centrale et au Mexique que l'on trouve le plus grand nombre de ces champignons aux pouvoirs très actifs tels que le *psilocybe mexicana* ou *psilocybe caerulens.*

Dans ses écrits, qui datent du XVIe siècle, le père franciscain Bernardino de Sahagun mentionne la présence de « champignons magiques » connus du peuple aztèque : le téonanacatl (« champignon divin » ou « chair des dieux » d'après la traduction). Selon les conclusions établies suite à des découvertes archéologiques au Guatemala, ce champignon magique jouait un rôle cultuel au moins 2 000 ans avant Jésus-Christ. Il appartient à l'espèce des champignons à lamelles. Le téonanacatl pousse dans la Sierra Madre orientale, à 2 000 mètres, sur le territoire occupé depuis des siècles par les Mazatèques.

Le téonanacatl ou *psilocybe mexicana* est un champignon qui peut atteindre 8 centimètres de haut; son pied grêle supporte un chapeau mesurant de 10 à 20 millimètres de diamètre, en forme de cloche très caractéristique; cette « cloche » est surmontée

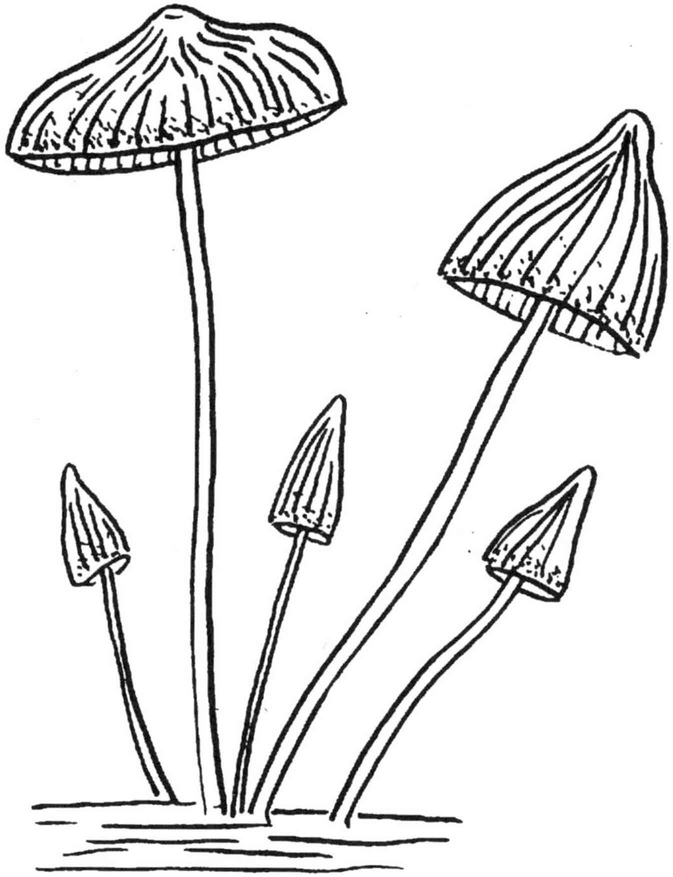

Pieds de psilocybe mexicana
qui poussent en Amérique du Nord et du Sud, en Europe et en Asie

d'une sorte de manchon roux au sommet. Des stries verticales apparaissent sur l'extérieur du chapeau dont les lamelles fines présentent une couleur variant entre le brun olive et le violet. Il est nécessaire d'en absorber plus d'une vingtaine pour obtenir un effet psychoactif. Ce psilocybe peut être ingéré soit frais, soit sec.

Diverses recherches sur les éléments actifs responsables des altérations psychiques permirent d'isoler la psilocybine (la plus importante) qui ne représente à l'état pur que 0,03 % du poids du champignon. 0,01 gramme de cette poudre absorbée provoque chez l'utilisateur les effets d'une trentaine de psilocybes.

Les effets de la psilocybine. — Les champignons hallucinogènes contiennent des substances chimiques qui sont de véritables narcotiques. Ils ont une influence directe sur le cerveau et provoquent d'importants changements psychiques. Les effets produits s'exercent en profondeur et jouent sur l'espace et le temps. L'action de ces champignons est parfois très violente. Des contractions au niveau du visage peuvent accompagner des tremblements voire des convulsions dans certains cas ainsi que l'engourdissement des membres. Des accès de violence peuvent intervenir avant que l'utilisateur ne tombe dans un sommeil plus ou moins profond.

Des doses de 6 à 20 milligrammes de psilocybine ou de psilocine provoquent un certain nombre d'effets chez l'utilisateur dont en clair principalement l'altération du « moi ». Le psilocybe consommé par voie orale entraîne ainsi dans l'ensemble des phénomènes couplés d'anxiété, d'euphorie, d'hallucination et de dépression. Les scientifiques estiment, d'un point de vue général, que la psilocybine est une trentaine de fois plus puissante que la mescaline et 200 à 500 fois moins puissante que le LSD 25.

Le khat

S'il est assez fréquent que des pays prennent certaines dispositions pour faire face à certains fléaux toxicomaniaques, il est plus rare que des décrets soient élaborés en vue de lutter contre une plante qui ne pousse que sur des territoires d'Outre-Mer, en la classant « stupéfiant ». Il est plus rare encore que des décrets restent en vigueur pour des « drogues » qui poussent et se consomment presque essentiellement dans d'anciennes colonies françaises devenues indépendantes. C'est pourtant le cas du khat *(catha edulis),* drogue verte dont l'usage se limite presque exclusivement au monde musulman de l'Afrique orientale et de l'Arabie du Sud-Ouest, où son usage endémique en fait un véritable fléau (les consommateurs de khat, souvent très pauvres, vont parfois jusqu'à dépenser la moitié de leur revenu pour satisfaire leur passion toxicomaniaque et préfèrent même se passer de manger plutôt que de cesser de « brouter » leur herbe). Ses feuilles fraîches, consommées principalement par mastication, à l'instar de la feuille du cocaïer, contiennent une substance psychotrope qui entraîne des effets stimulants chez l'utilisateur.

Le khat est à ce point ancré dans les habitudes culturelles des pays d'Afrique orientale que pas moins de 60 à 70 % de la population de certains des pays concernés en consommeraient régulièrement. Un consommateur moyen de khat en absorbe 15 g à 100 g par jour ; un gros mangeur peut en consommer jusqu'à 400 g par jour.

Un peu de botanique. — Le khat *(catha edulis forskal)* est un arbrisseau de la famille des célastracées qui pousse dans des régions escarpées entre 900 et 2 500 mètres. Il pousse à l'état sauvage ou peut tout aussi bien être cultivé selon les régions. À l'exception du Yemen, où il pourrait être de trois sortes, les deux espèces principales sont le khat blanc et le khat rouge. Son tronc est droit, l'écorce est lisse, assez fragile et brune. Sa hauteur varie généralement de 1,50 mètre à 6 mètres (avec des pointes à 20 mètres au Yemen et parfois plus de 25 mètres en Afrique équatoriale). Les tailles et les formes sont variables selon l'origine géographique de la plante. Les feuilles sont simples (4 à 11 cm de long sur 1 à 5 cm de large), de forme ovale lancéolée. Le bord est finement dentelé, mince et effilé. Sur les jeunes pousses, elles sont de couleur rougeâtre, violacée ; sur les plus âgées, d'un jaune verdâtre. Le fruit, de 8 à 10 cm de long et de 2 à 3 mm de diamètre, est une capsule linéaire, oblongue ; chaque loge contient une à trois petites graines ailées. La feuille de khat n'est pas facilement identifiable car elle ne possède que très peu de caractéristiques morphologiques ou anatomiques ; ce travail d'identification ne s'effectue de fait qu'en laboratoire spécialisé pour le moment. Des tests de contrôle sont actuellement à l'étude. Cette plante, très robuste, résiste aux maladies les plus fortes et possède une faculté d'adaptation étonnante.

Les effets du khat. — La mastication des feuilles fraîches de *catha edulis* permet de produire un jus dont les effets sont agréables, stimulants et euphorisants, semblables à ceux de l'amphétamine. Mais la langue du consommateur devient vite verdâtre ; les dents s'entartrent. Trois phases sont à distinguer dans la consommation du khat :

• Entre 0 et 6 heures après la prise, on assiste à une phase euphorique. La drogue verte engendre une excitation inhabituelle ; la mémoire de l'usager semble stimulée et le consommateur recherche la compagnie d'autres hommes pour satisfaire un besoin irrésistible de parler.

• Une phase illusoire succède à la première. Le « khateur » ressent alors une impression de puissance intellectuelle et sexuelle.

• Enfin survient une phase dépressive. Le khateur, las, manque alors d'appétit et souffre d'insomnies.

La consommation abusive des feuilles de *catha edulis* provoque en clair des troubles divers au niveau du système circulatoire, de l'appareil digestif et des organes génitaux ; apparaissent également des désordres psychiques, des troubles visuels et mentaux ainsi que des maladies cardio-vasculaires.

La dépendance psychologique existe chez l'usager habituel. Mais la dépendance physique au sens propre du terme n'est pas encore établie. Cependant, un certain nombre de conséquences médico-sociologiques, socio-économiques et socio-culturelles non négligeables découlent de l'utilisation abusive de *catha edulis*, essentiellement en raison de l'extrême faiblesse et des problèmes de dénutrition que connaissent les populations concernées.

Le khat et sa distribution géographique s'étend de plus en plus vers le Sud de la côte orientale du continent africain et gagne également l'intérieur des terres. On peut trouver aujourd'hui du khat cultivé en Israël, en Afghanistan et au Turkestan. Le Royaume-Uni en importerait pour les besoins des Yéménites immigrés, et il serait assez facile d'en trouver à Londres d'après certains. En France, son trafic, sa détention et son usage sont interdits en vertu de l'article L.627 de la loi 70-1320 du 31 décembre 1970. Ce qui permet de lutter contre tout trafic illicite éventuel. Les saisies restent néanmoins très rares et sont généralement effectuées sur les « khatomanes » qui voyagent.

Le khat frais ne peut être transporté que par avion, ce qui semble mettre l'Europe et le reste du monde à l'abri de ce produit, momentanément du moins. Mais n'en était-il pas de même à une certaine époque pour la feuille de coca jusqu'au jour où la cocaïne fit son apparition ?

Les produits psychotropes

Les psychotropes sont des substances qui agissent sur le psychisme, soit comme stimulants, soit comme calmants, soit comme générateurs de troubles. Ces produits se rencontrent aujourd'hui sur tous les continents. De plus en plus présents, ils constituent un véritable fléau dans les pays d'Afrique subsaharienne.

Les amphétamines

Produits stimulants ou excitants du système nerveux central, les amphétamines sont des « amines » de synthèse proches de l'éphédrine ; leurs réactions ressemblent à celles de l'adrénaline sécrétée par le corps humain. Les amphétamines permettent ainsi à l'utilisateur de réduire ou supprimer sa fatigue. Elles peuvent être assimilées par voie orale ou par injection intraveineuse. D'autres préfèrent les « sniffer » ou les « priser ». Elles ont été employées dans le passé pour combattre la fatigue, notamment dans l'armée durant la guerre de 1914-1918. On les retrouve aujourd'hui chez l'étudiant qui prépare un examen ou chez les sportifs qui s'en servent pour se doper. Pour cette dernière raison, une loi a été promulguée afin d'interdire ce genre de produits lors de compétitions sportives.

Il existe trois types d'amphétamines :
- les amphétamines à proprement parler ;
- les anorexigènes ;
- les psycho-stimulants.

Les plus connues sont consommées seules, mais les polytoxicomanes les mélangent à d'autres produits. Les amphétamines ont été utilisées pour soigner principalement les cas de dépression ainsi que l'obésité. Elle sont encore utilisées en médecine, mais elles trouvent aussi une utilisation non médicale, comme nous le précisions précédemment, chez des étudiants ou des athlètes. D'autres consommateurs les emploient pour lutter contre les effets des barbituriques. Elles se présentent le plus souvent de couleur jaunâtre.

Les amphétamines agissent principalement sur le cerveau, le cœur et les poumons de l'utilisateur. Les effets sont plus intenses lorsqu'elles sont prises par voie intraveineuse que par voie buccale. En cas de doses modérées, l'utilisateur a moins d'appétit ; sa circulation sanguine et sa respiration sont accélérées. Ses pupilles se dilatent. En cas de forte dose, la bouche est sèche ; l'usager a mal à la tête ; il transpire, sa température monte ; il éprouve des difficultés à voir ce qui se passe autour de lui et présente des étourdissements. À très forte dose, on constate une palpitation cardiaque très rapide et irrégulière, un manque de coordination et des tremblements caractérisés. La mort peut survenir suite à une fièvre trop importante, une insuffisance cardio-vasculaire aiguë ou parfois une hémorragie cérébrale. À court terme, on assiste à un accroissement de la tonicité de l'utilisateur qui va se sentir puissant, intelligent et supérieur jusqu'à l'agressivité. À long terme, la tolérance va s'installer chez le toxicomane qui connaîtra bientôt des problèmes de malnutrition ou des infections consécutives à sa faiblesse organique. Des phénomènes de violence peuvent également survenir ; une étude canadienne a par exemple montré que « la mort violente était quatre fois plus courante chez les usagers des amphétamines que chez les abstenants du même âge ou du même sexe »[(41)].

Un toxicomane peut se piquer entre trois et treize fois par jour. Il n'est pas excessivement difficile de se procurer des amphétamines car elles sont commercialisées sous forme de médicaments, faciles à trouver – avec une ordonnance ! – et d'un prix relativement peu élevé. Le toxicomane utilisateur d'amphétamines recherche essentiellement une grande euphorie et un état d'excitation intense qui succéderont à l'« éclair agréable », la « jouissance extrême » qui accompagnent le « flash ». Cependant, il est fréquent que les effets secondaires, souvent d'ordre paranoïaque, ne se fassent pas attendre : le *« trip »* (voyage) se déroule alors de façon bien moins agréable. La peur puis l'angoisse envahissent l'utilisateur. Il se sent traqué, insulté, persécuté, ce qui peut le conduire au suicide. Il peut également devenir dangereux. Pourtant la toxicomanie aux amphétamines n'est pas nécessairement le fait de « délinquants » ; elle est souvent le prolongement des médications antérieures légalement prescrites par un médecin dans le cadre d'une thérapeutique bien précise. L'usage de ce produit connaît une certaine recrudescence, aux États-Unis et probablement demain en Europe.

Les barbituriques

Ce sont des produits calmants, principalement analgésiques et tranquillisants. Ils sont utilisés en médecine comme dépresseur du système nerveux central. L'utilisation en milieu médical de ce produit, découvert par le chimiste allemand Von Bayer en 1863, remonte au début de notre siècle. Une utilisation anarchique ou illégale de ce produit peut être à l'origine d'incidents ou d'accidents graves sur l'organisme. Comme pour les amphétamines, cette toxicomanie n'est pas le fait exclusif de « délinquants », car il est fréquent que l'usage de ce produit ait été initialement prescrit par un médecin dans le cadre d'une thérapie légitime et bien définie. On note trois classes de barbituriques selon la durée de leur action :
• barbituriques à action rapide (Thiopental...) ;
• barbituriques à action moyenne (entre 4 et 6 heures comme l'Eunoctal...) ;
• barbituriques à action prolongée (entre 8 et 12 heures comme le Gardenal...).

Ce produit convient aux névrosés et aux anxieux. Son utilisation thérapeutique permet en particulier d'accroître le sommeil d'une personne souffrant d'insomnies. Mais ces produits toxiques peuvent entraîner la mort chez une personne qui en abuse. Le toxicomane recherche quant à lui le sommeil ou plutôt l'oubli total ; il souhaite souvent se couper du monde extérieur perçu comme agressif ; c'est une des raisons qui conduisent les malades de la vie moderne à en abuser. Ce genre de toxicomanie est principalement le fait d'individus ayant dépassé la trentaine. Ils consomment entre cinq et dix comprimés par jour, parfois même avec de l'alcool. La prise par voie rectale est également utilisée. Les plus jeunes préfèrent s'injecter le même produit par voie intraveineuse ; ils utilisent en fait les barbituriques souvent comme produit de substitution à une autre drogue. Toutes sortes de cocktails jaillissent alors de l'imagination du toxicomane qui va puiser ses « ingrédients » à l'intérieur de la pharmacie familiale ou dans une pharmacie commerciale, lors de cambriolages.

Le sevrage, difficile et complexe, demande beaucoup de temps. L'intoxiqué aux barbituriques est psychiquement et physiquement dépendant de son produit. Des usagers sont victimes de psychoses diverses ; tous sont en proie à une forte anxiété. Nausées et hallucinations se succèdent. Quelques-uns atteignent des états subcomateux. À long terme, divers dysfonctionnements organiques sévères apparaissent chez les invétérés. C'est l'une des raisons qui conduisent les spécialistes à mettre en garde les praticiens contre un recours trop systématique à ces stupéfiants particulièrement dangereux.

Les autres produits et substances actives

D'autres produits synthétiques tels les benzodiazépines (des produits hypnotiques et anxiolytiques), la phencyclidine (ou PCP), anesthésiant vétérinaire utilisé aux États-Unis, le paramethidyamphétamine (PMA), le trimethoxyamphétamine (TMA), le dymethyltryptamine (DMT), le STP (DOM) sont le lot quotidien de toxicomanes accrochés. Ces hallucinogènes synthétiques sont également appelés « illusionogènes », ce sont des produits psychédéliques ou dilateurs de la pensée. Parmi ces drogues, le MDA, le PCP, le PMA, le TMA, le DMT et le STP sont principalement produits par des laboratoires clandestins destinés à fournir le marché illicite de la drogue. Il est pratiquement impossible de différencier ces produits compte tenu du fait qu'ils sont presque tous vendus sous forme de poudre blanche sans goût caractéristique. Seules, des analyses en laboratoire permettent de les identifier. Notons qu'en dix ans la consommation des psychotropes a augmenté de 50 % en France, grand consommateur de ce type de produits.

Les effets de ces illusionogènes diffèrent selon la dose prise et la qualité du produit assimilé ; la santé physique et psychologique du consommateur joue également un rôle important. À petite dose, c'est le comportement et l'humeur de l'usager qui vont être affectés. À forte dose, il sera victime d'hallucinations encore plus fortes, encore plus déstabilisantes. La dépendance est cependant principalement psychologique.

Le paramethidyamphétamine (PMA). — C'est un produit qui détient des propriétés hallucinogènes et stimulantes. On le rencontre sous forme de poudre blanche, beige ou rose, dans une capsule incolore ou rose que le toxicomane absorbe. Il produit l'accélération du pouls. Le sujet éprouve des difficultés à respirer et peut vomir. Ses effets hallucinogènes sont plus prononcés que ceux du MDA. L'intoxiqué au PMA peut présenter une forte température, des spasmes musculaires ; ses yeux suivent bientôt un mouvement erratique. Selon la dose prise, l'absorption de ce produit peut entraîner des convulsions, le coma et parfois la mort.

Le dymethyltryptamine (DMT). — C'est un alcaloïde que l'on rencontre dans le *psilocybe mexicana* ainsi que dans d'autres plantes. Le consommateur trempe du persil dans le produit qui sera séché avant d'être fumé dans une cigarette ou une pipe. D'autres préfèrent l'ingérer accompagné de thé. Enfin, des toxicomanes l'injectent directement par voie intraveineuse pour mieux l'assimiler. Les effets sont presque immédiats et sont semblables à ceux produits par le LSD ; ils durent entre 30 et 60 minutes. L'utilisateur peut devenir anxieux et présenter une dépression hallucinatoire et un comportement irrationnel ; il éprouve des difficultés d'élocution ; il est sujet aux sueurs et ses pupilles se dilatent. Les notions de temps et d'espace sont chez lui perturbées. Une dépendance psychique et une tolérance peuvent rapidement survenir chez l'utilisateur de ce produit qui risque d'être victime d'hépatites.

Le trimethoxyamphétamine (TMA). — C'est un hallucinogène dont les propriétés sont stimulantes. Il peut se présenter sous forme de poudre de couleur jaune foncé ou beige que le toxicomane peut ingérer par voie buccale ou par injection, cette dernière possibilité étant plus dangereuse, car les effets sont plus toxiques. Le TMA appartient au groupe des phenylethylalamine comme le MDA. Ce n'est qu'après deux heures d'attente que l'utilisateur sera sujet à des hallucinations en grande majorité identiques à celles produites par la mescaline.

La phencyclidine (PCP). — C'est un anesthésique général employé en médecine vétérinaire possédant des propriétés hallucinogènes. Elle peut être acquise sous forme de comprimés de couleurs variables, de capsules, de cristaux blancs mélangés à des graines ou des feuilles, ou encore sous forme de gros morceaux blancs ou de couleurs diverses. Ce produit peut être ingéré, fumé, « sniffé » ou injecté selon le choix de l'utilisateur. La dose varie de 2 à 6 mg. À dose faible, le PCP entraîne pour le consommateur des difficultés à coordonner les gestes et à s'exprimer ; l'usager présente plus généralement des symptômes de confusion, de somnolence ; des nausées accompagnées de vomissements peuvent survenir au cours de l'expérience toxicomaniaque. À dose plus forte, le sujet devient absolument insensible à toute douleur et ne se contrôle plus. C'est un produit très dangereux pour le toxicomane lui-même, mais également pour les personnes qui se trouvent alentour, l'agressivité de l'intéressé peut en effet le conduire jusqu'à l'homicide involontaire.

Le STP (DOM). — Le STP ou DOM a été synthétisé par Snyder en 1967. Son pouvoir est 100 fois supérieur à celui de la mescaline et représente 1/30 de celui du LSD. 3 mg suffisent pour déclencher chez l'homme des effets psychoactifs. Il est pris par voie buccale et ses effets peuvent durer jusqu'à 24 heures. Vendu sous le nom de *« serenity », « peace »* ou encore *« syndicate acid »,* il plonge l'utilisateur dans un état d'euphorie ou de dépression hallucinatoire. Le sujet s'agite; il tremble, son comportement et ses propos sont incohérents; les pupilles sont dilatées, les notions d'espace et de temps sont là encore complètement perturbées. On note certains cas de tolérance mais rarement des dépendances. L'utilisateur de STP est par ailleurs sujet à des hépatites particulièrement dangereuses.

Le MDA. — Le MDA est un produit qui s'apparente aux amphétamines. Il apparaît sur le marché de la drogue sous forme de poudre de couleur brune, blanche ou tirant sur le brun clair; il peut également se présenter sous forme liquide. Il est soit injecté, soit « sniffé », soit ingéré. À faible dose, les effets sont plutôt stimulants; mais à forte dose, ils rejoignent ceux du LSD. Ces effets apparaissent entre 30 et 60 minutes après l'absorption par voie buccale, plus rapidement si le produit est injecté. Le voyage dure environ une huitaine d'heures. Des effets secondaires peuvent conduire l'intéressé à subir les contrecoups de cette expérience durant deux jours. À dose élevée, on a enregistré des troubles physiques graves nécessitant un traitement médical immédiat; des accidents et des décès ont également été observés.

L'ecstasy (MDMA). — De nombreux dérivés amphétaminiques sont employés illégalement comme stupéfiants pour leurs propriétés hallucinogènes; parmi ceux-ci, le plus connu est désigné sous le terme d'*« ecstasy ».* Il faut préciser que ce terme s'appliquait à l'origine au MDA avant l'apparition de son dérivé méthylé; il est surtout associé au MDMA aujourd'hui.

Synthétisé en 1914 comme anorexigène par les laboratoires Merck, sans être commercialisé pour autant, son utilisation débute en 1970. Ses deux molécules possèdent une ressemblance structurale à la fois avec les amphétamines et avec la mescaline. Actuellement, le MDMA ne fait pas partie de la pharmacopée et se trouve classé en France au tableau des substances vénéneuses. Selon certains spécialistes, ce produit présenterait cependant des intérêts pour un usage thérapeutique en psychiatrie. Il aurait même été utilisé sans autorisation dans des psychothérapies. En général, ces substances entraînent des comportements similaires à ceux rencontrés chez les consommateurs de mescaline, associée à des amphétamines. À faible dose, l'activité motrice est accrue, le niveau des perceptions sensorielles est relevé et on enregistre un effet analgésique, une hypertension et des degrés d'intoxication variables. À forte dose, on observe une rigidité musculaire, des frissons et des convulsions pouvant aboutir au décès. Dans tous les cas, les inhibitions tombent et l'usager pense mieux sentir son propre corps.

Le MDMA est apparu sur le marché illicite de la drogue en 1972 aux États-Unis ; le nom d'« *ecstasy* » lui a été donné en 1981. La fabrication d'un comprimé ou d'une gélule revient à moins d'un demi-dollar alors que son prix de vente varie entre 30 et 100 dollars suivant la région. Une fois bien implantée sur le continent nord-américain, l'ecstasy a été exportée vers l'Europe où des laboratoires de fabrication ont été découverts notamment en Hollande, en Espagne, en Grande-Bretagne, en Suède, en Allemagne, en Suisse... Le MDMA peut se trouver sous forme liquide ou de poudre, de comprimés, de capsules ou de gélules avec des couleurs diverses ; chaque dose contient entre 50 et 100 milligrammes de substance.

Le premier décès à l'*ecstasy* en France a été signalé en 1987 ; la victime avait absorbé 3 comprimés de ce produit. Une nouvelle mode entoure ce produit en Europe, notamment en France : c'est la *rave party*. Il s'agit d'un phénomène anglo-saxon apparu dans un premier temps en Grande-Bretagne autour des années 1980. Des jeunes se retrouvent alors dans un endroit particulier en vue d'écouter de la musique techno tout en s'adonnant à la consommation de produits stupéfiants. Ils tentent ainsi de parvenir à l'extase où se mêlent en clair musique, danse, lumières, jeux, fumigènes et feux d'artifice, sans oublier haschich et *ecstasy.* C'est généralement dans des endroits désertés que les *raves* ont lieu. Des parcours initiatiques ou des jeux de pistes précèdent souvent ces moments où les *ravers* se retrouvent. L'annonce d'une *rave* peut se faire par différents canaux : à l'origine des « *flyers* » (petits tracts d'information) étaient distribués dans la rue ou disponibles chez certains disquaires spécialisés, c'est encore aujourd'hui souvent le cas. Les ravers disposent cependant depuis peu de serveurs minitel ou s'arrangent pour diffuser leurs informations au moyen de journaux, de radio-amateurs, d'affichages sauvages.

L'ice (chlorhydrate de d-méthamphétamine). — Ce produit, qui peut atteindre un degré de pureté de 90 à 100 %, se présente sous forme de cristaux transparents, volumineux, semblables à un minéral, généralement sans couleur ni odeur. Elle tient son nom de son aspect comparable à du verre cassé, du sucre candi, du sel hawaïen ou des morceaux de glace. L'usage de cette substance était jusque récemment principalement limité à l'Amérique du Nord mais il commence à apparaître sur d'autres continents. L'*ice* n'est ni un *designer drug* ni un nouvel équivalent de la méthamphétamine. Actuellement, aucune donnée ne permet d'établir la date de naissance de ce procédé de transformation de la poudre de méthamphétamine en *ice* par recristallisation. Ce produit semble cependant connu depuis plusieurs décennies en Corée. Selon certains spécialistes japonais, la fabrication de l'*ice* nécessiterait plusieurs mois. La phase finale de raffinage s'accomplit en plusieurs étapes et reste assez simple, ne nécessitant que peu d'instruments et de produits chimiques. Dans les laboratoires clandestins, le produit fini est séché jusqu'à ce qu'il prenne la forme de gros cristaux qui seront ensuite cassés en morceaux de plusieurs grammes. Ce sont ces produits qui seront revendus sous cette forme. L'*ice* est considérée comme plus puissante que le *crack* ou la méthamphétamine ; sa consommation délivre une extraordinaire énergie ainsi qu'une euphorie qui durent entre 8 et 24 heures. Lorsque l'*ice* est fumée, son absorption transmet directement au cerveau des doses de drogue particulièrement concentrées, provoquant une dépendance très forte voire la mort. Ce produit est vendu entre 200 et 400 dollars le gramme, soit deux à trois fois plus cher que le *crack* ou la méthamphétamine. La consommation quotidienne est variable ; la moyenne reste autour de trois à quatre comprimés par jour (75 mg). Du fait de sa ressemblance avec le *crack,* de l'intensité des sensations qu'elle procure et de l'usage largement répandu de la méthamphétamine aux États-Unis, l'*ice*, qui facilite la désinhibition affective, est rapidement devenue en vogue dans ce pays et notamment sur l'île de Hawaï.

La méthaqualone. — C'est un sédatif de la catégorie des médicaments hypnotiques, non barbiturique, mis sur le marché en 1965 ; c'est un produit de synthèse qui fait l'objet d'un usage thérapeutique mais également d'un usage toxicomaniaque et d'un trafic illicite. La méthaqualone est un stupéfiant commercialisé en France sous le nom de « Manderas » (méthaqualone combinée à de la déphénhydramine), « Isonox » et aux États-Unis sous le nom de « Quaalude ». Elle est très présente en Afrique subsaharienne.

La méthaqualone peut se présenter sous la forme d'une poudre de couleur beige ou blanche, amère et inodore, ou sous la forme de comprimés et de gélules. Elle se consomme par voie orale ou par injection intraveineuse, seule ou associée à d'autres produits (héroïne, alcool...). Il est à noter que l'on trouve parfois de la méthaqualone mélangée à l'héroïne produite en Asie du Sud-Ouest. La méthaqualone peut-être achetée dans le circuit licite, le produit étant fabriqué dans des laboratoires en France, en Allemagne et aux États-Unis. Elle peut être également achetée dans les circuits illicites, soit après détournement de productions licites, soit après fabrication dans des laboratoires clandestins. Ces laboratoires sont installés aux États-Unis, en Bolivie, mais aussi et surtout en Inde, où la production illicite de méthaqualone est très importante.

Les effets de la méthaqualone, qu'elle soit d'Inde ou d'ailleurs, restent à peu près toujours les mêmes : l'usager de méthaqualone, après ingestion de 150 à 500 mg (la dose thérapeutique moyenne est de 75 mg/ jour), ressent une sensation de détente, une relaxation musculaire, une euphorie, une désinhibition. Si le produit est coupé avec de l'alcool, le toxicomane peut délirer et avoir des hallucinations.

À court terme, le toxicomane peut ressentir une incoordination motrice, une altération des perceptions subjectives, se trouver dans un état dépressif ou au contraire dans un état d'extrême nervosité. À moyen et long termes, le toxicomane éprouve des tremblements, traverse des épisodes amnésiques, souffre d'une dégradation intellectuelle, de troubles de l'humeur, du caractère et du comportement. La méthaqualone provoque enfin une dépendance physique et psychique. Le risque de surdose existe, entraînant dépression respiratoire et cardiaque, coma et éventuellement décès.

Le GHB (gamma-hydroxybutyrate). — Il s'agit d'une poudre de couleur blanche, fine, présentant l'aspect de la poudre de noix de coco, facilement soluble dans l'eau ou dans d'autres liquides. Ce produit a été synthétisé en 1961 par le biologiste français Henry Laborit et mis sur le marché dans les années soixante. Ce psychotrope peut être classé, en raison de ses effets sur le métabolisme, comme perturbateur du système nerveux central. Le GHB est un anesthésique général dont l'action s'exerce électivement au niveau des structures corticales. L'action hypnotique apparaît 10 minutes après la prise du psychotrope. Cette phase de « sommeil » est d'une durée variable mais se situe autour de 30 à 45 minutes. À dose normale, l'absorption du GHB n'entraîne qu'un brusque sommeil, comparable au sommeil naturel, une dépression des réflexes, entre autres. À forte dose cependant, le GHB génère un état convulsif et peut induire un coma pouvant entraîner la mort. Pour ce qui est des effets psychiques connus, ce produit procure une sensation de bien-être ou de grande relaxation. Il désinhibe et favorise soi-disant les échanges, quoique cela n'ait jamais été démontré.

Au début des années 1990, le GHB circule dans de nombreux clubs de Los Angeles. En 1991, deux chercheurs du département de la Santé de Californie rapportent onze cas d'intoxication au

GHB. Ce produit commence a être connu en France et son usage risque de s'étendre dans les discothèques. Il fait également son apparition en Grande-Bretagne où, provoquant des effets similaires à ceux de l'*ecstasy,* il remporte un succès croissant dans les *rave parties*. Les États-Unis, où certaines overdoses ont déjà été constatées, enregistrent une augmentation spectaculaire de la consommation de ce psychotrope.

Les médicaments non stupéfiants. — L'intoxication aux médicaments non inscrits au tableau B (stupéfiants et substances psychotropes) se développe de plus en plus dans nos pays industrialisés ainsi que sur tous les continents. Les produits utilisés sont nombreux et très variés; les utilisateurs les emploient de façon habituelle ou sporadique, seuls, mélangés à d'autres produits ou à de l'alcool. Il peut s'agir de produits détournés de l'emploi prescrit par le praticien ou de substances volées dans des pharmacies ou chez des particuliers. Il arrive que des décès soient la conséquence d'une intoxication médicamenteuse ou d'une « toxicomanie licite »; il peut s'agir de suicides ou, plus rarement, d'accidents. Ces pratiques se rencontrent soit chez des toxicomanes qui veulent se « mettre au vert » quelque temps ou qui se trouvent en « rupture de stock », soit chez des non-toxicomanes qui les utilisent de temps à autre pour leur « plaisir » personnel. La polytoxicomanie, sans limite par définition, est un terrain malheureux que l'usager, toujours à la recherche de nouveaux « cocktails », de nouvelles sensations, arpente sans fin.

Notons parmi ces médicaments non stupéfiants les tranquillisants qui sont principalement utilisés en médecine pour soigner les psychoses, les névroses et les divers problèmes dus à l'anxiété. La dépendance physique est en ce domaine pratiquement nulle; mais la dépendance psychologique existe ainsi que la tolérance. Ces produits permettent *a priori* une relaxation générale du corps. Leur abus entraîne cependant des troubles de la vision, des somnolences et parfois des éruptions cutanées; l'utilisateur a la bouche sèche et peut devenir facilement irritable. Certains autres dépresseurs peuvent, à l'instar des barbituriques, provoquer une très grande dépendance physiologique et psychologique.

Les solvants volatils et autres toxiques domestiques

Contrairement à ce que l'on serait tenté de croire, l'habitude d'inhaler des gaz n'est pas récente. L'Histoire nous fournit de trop nombreux exemples de pratiques de ce genre ; ainsi les habitants de Delphes avaient coutume dans l'Antiquité d'inhaler le gaz naturel exhalé des crevasses rocheuses. Au XIXe siècle, l'inhalation de l'éther et de produits comme la benzine devient une pratique courante aux États-Unis, en Irlande, en Angleterre, en Norvège, en Allemagne, en Russie et en France.

En 1893, le Dr Louis Lewin est le premier à dire que toutes les substances volatiles qui dissolvent les principes gras du cerveau possèdent également la propriété d'en troubler l'équilibre chimique ; il précise alors que le pouvoir dissolvant de la benzine et des autres substances de ce type peuvent agir sur les nerfs sensoriels, notamment sur les fibres du nerf optique. Ce même scientifique fait par ailleurs état de cas d'inhalation de protoxyde d'azote chez certains chercheurs et utilisateurs de chloroforme.

En 1920, une nouvelle forme de toxicomanie aux solvants volatils apparaît pour ne cesser de croître jusqu'à nos jours. Des jeunes gens « sniffent » aujourd'hui de la colle et d'autres solvants volatils tels que les dissolvants pour vernis à ongles, et ce sur tous les continents. Des utilisateurs de fluorocarbures inhalent leur dose, parfois jusqu'à la mort qui survient accidentellement. La

« gluemania », qui touche souvent des enfants dont les plus jeunes n'ont parfois que huit ans, se développe chaque jour davantage.

Il existe deux catégories d'hydrocarbures volatils dérivés du pétrole et du gaz naturel :

• les solvants créés à des fins industrielles et ménagères, parmi lesquels nous trouvons le toluène (les diluants de vernis), l'acétone (les dissolvants de vernis à ongles), l'hexane (dans les ciments plastiques), le naphte (l'essence à briquet), le benzène (l'essence), le trichloroéthane (dans les liquides de nettoyage) et les colles cyanocrylates ;

• les aérosols, c'est-à-dire des produits liquides, solides ou gazeux, éjectés d'un contenant à remplissage unique par un gaz propulsant. En font partie les insecticides, les désodorisants, certains médicaments, les laques et les peintures.

Les effets seront fonction du produit, de sa qualité et du temps d'inhalation ainsi que de l'état physique et psychique de l'utilisateur. Les produits ainsi consommés provoquent souvent des lésions d'organes vitaux tels le foie, les reins et le cerveau.

Le « voyage » par solvants volatils se déroule quant à lui approximativement de la façon suivante : quelques secondes après l'inhalation, les premiers effets violents se produisent ; immédiatement absorbé par le système nerveux, le produit affaiblit l'organisme de l'utilisateur et notamment ses fonctions respiratoires et cardio-vasculaires (pouvant entraîner une arythmie cardiaque à l'origine de nombreux accidents mortels). Le sujet va cependant dans la plupart des cas présenter un état d'euphorie ; il est gai, souvent surexcité ; cela étant, des nausées, des toux et une hypersensibilité à la lumière du jour peuvent accompagner les hallucinations provoquées par le produit. Il lui arrive d'être stimulé par le solvant au point de se sentir invincible. Mais, si l'inhalation se prolonge, le jeune peut très rapidement sombrer dans un état comateux accompagné de convulsions. Précisons qu'en cas d'inhalation « normale », les effets ne vont durer que quelques minutes ; en cas d'inhalation en sac plastique, ils peuvent durer plusieurs heures.

Le « retour » ne se fait souvent pas sans maux de tête qui persistent parfois durant plusieurs jours. Selon les spécialistes, des saignements de nez, des yeux rouges, des plaies diverses à la bouche et au nez, une pâleur, une fatigue et des trous de mémoire apparaissent chez le « renifleur » de solvants, accompagnés de phases dépressives, d'irritations et d'un sentiment de persécution. Des atteintes cellulaires (cérébrales notamment), des atteintes hépatiques et rénales ainsi que des décès par intoxication aiguë sont les principaux risques liés à l'usage de solvants volatils.

Weise a procédé au classement en quatre catégories des symptômes liés à l'absorption de solvants, selon leur dose : « D'abord, une phase d'induction, avec une période d'excitation euphorique et même hilare, puis le consommateur est pris de vertiges ou d'hallucinations visuelles ou auditives. Il peut aussi éternuer ou tousser jusqu'à vomir. La deuxième étape commence lorsque la phase analgésique s'installe, par diminution de l'activité du système nerveux central... L'individu devient confus, désorienté, ses sens sont émoussés et il contrôle difficilement ses comportements : sa vision se brouille ; il souffre de crampes, de maux de tête et de diplopie. Il est souvent très pâle. La troisième étape se caractérise par une dépression plus importante du système nerveux central. L'individu articule difficilement ses mots, ses mouvements manquent de coordination, il somnole, ses réflexes sont lents et on observe un nystagmus oculaire. Enfin, quatrième étape, la dépression du système nerveux central est profonde et marquée par un état comateux, traversé de rêves bizarres. On peut observer dans cette phase des crises électro-encéphalographiques épileptiformes.»[(42)] Chez le consommateur habituel de solvants volatils, on note l'apparition à long terme d'une accoutumance. La dépendance psychologique apparaît rapidement et la tolérance se développe avec l'usage du produit. La dépendance physique apparaît également dans certains cas. Maux de tête, frissons, douleurs abdominales, hallucinations et crampes musculaires pouvant aller jusqu'au *delirium tremens* deviennent alors le quotidien du toxicomane en manque.

Les décès, de plus en plus fréquents, peuvent survenir par asphyxie (la personne suffoque en cours d'inhalation dans un sac plastique) ; le décès soudain du renifleur de solvants est la conséquence directe du « sniff » de fluorocarbures (aérosols), de trichloroéthane et de tétrachlorure de carbone (comme les détachants), de toluène ou d'acétate (colles). L'intoxication aux solvants volatils peut cependant être facilement identifiable car l'haleine du sujet conserve, même après plusieurs heures, son odeur tout à fait caractéristique.

L'utilisation de solvants volatils peut être à l'origine de comportements anti-sociaux et de polytoxicomanies dans lesquels interviennent à leur tour des produits stupéfiants illicites tels l'héroïne ou la cocaïne. L'usage de solvants par des jeunes isolés ou des groupes de jeunes marginaux suscite un peu plus chaque jour d'actes de délinquances, de vols, d'agressions, de vandalismes dont sont victimes les habitants des grandes agglomérations. Les parents doivent décourager la « curiosité mortelle » de ces jeunes séduits par la perspective du « sniff », en apportant quelque chose de constructif et de sain à leurs enfants. L'information et l'éducation des jeunes par leurs parents sur ce sujet délicat mais grave sont les conditions *sine qua non* pour éradiquer ce genre de pratiques suicidaires. Il devient impérieux de prendre des mesures nécessaires pour sauvegarder la santé des jeunes, le plus souvent mineurs, qui se livrent à des pratiques toxicomaniaques avec des solvants ou d'autres produits toxiques. L'interdiction de la vente d'éther ou d'autres produits toxiques sans ordonnance va dans le sens de ces mesures préventives. Mais il faut poursuivre encore et toujours les efforts réalisés dans le cadre de la lutte contre la drogue.

Les principales aires de production de drogues

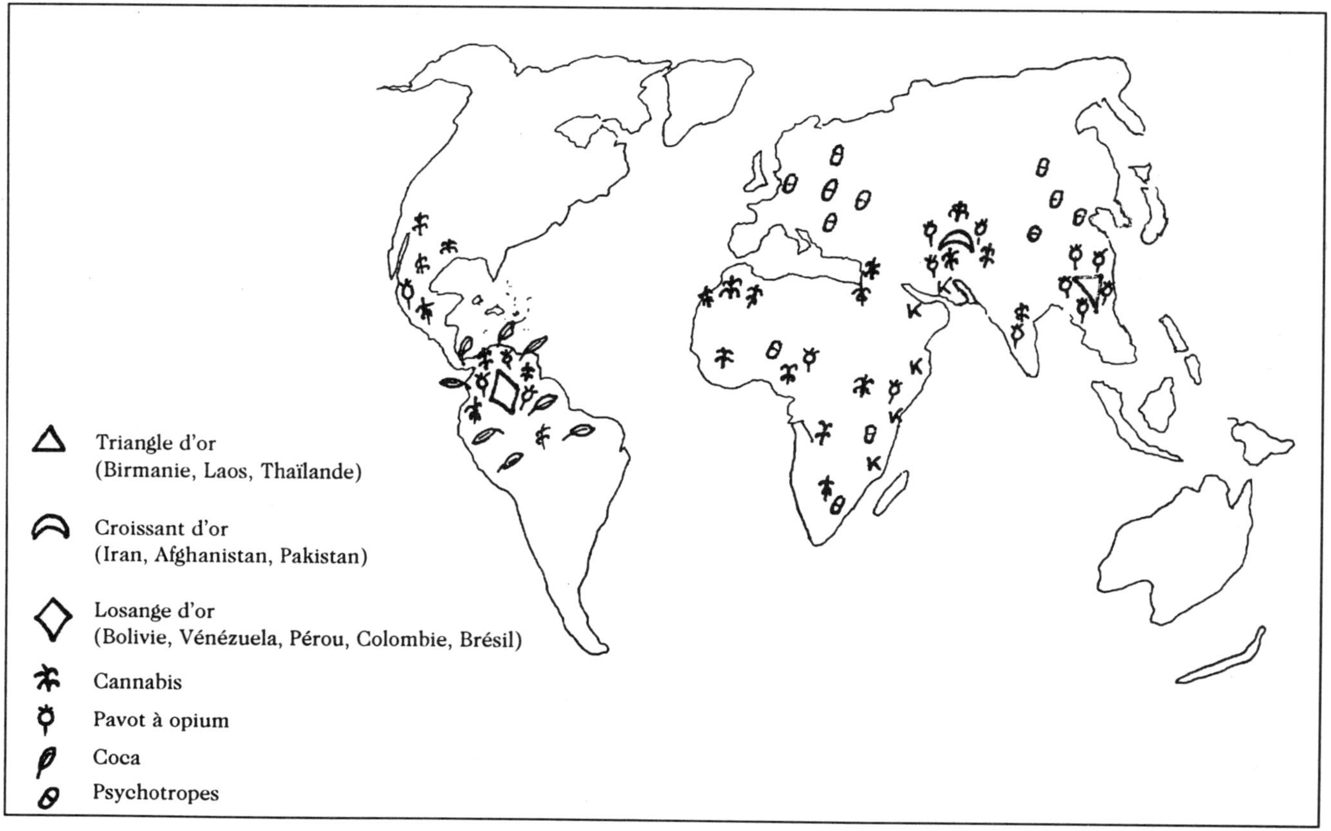

Tableau récapitulatif des drogues

Substances ou produits		Principes actifs principaux	Utilisations médicales		Consommation				
					Fumé	Inha.	Ingéré	Injecté	Autres
Cannabis	Herbe	Delta 9 THC	Aucune en France	B	X		X		
	Résine	Delta 9 THC	Aucune	B	X		X		
	Huile	Delta 9 THC	Aucune	B	X		X		
Opiacés	Opium	Morphine Thébaïne	Analgésique central	B	X		X	X	
	Morphine	Morphine	Analgésique central	B				X	
	Héroïne n°3	Héroïne Strychnine Caféine	Aucune	B	X		X	X	
	Héroïne n°4	Dyacethylmorphine	Aucune depuis le début du XXe siècle	B	X	X		X	X
	Codéine	Codéine	Anti-tussif Analgésique	B			X	X	
	Méthadone		Désintoxication aux opiacés	B			X	X	
Cocaïne	Feuille coca	Cocaïne	Aucune en France	B			X		
	Pasta Crack	Sulfate de cocaïne	Aucune	B	X				
	Cocaïne	Cocaïne (chlorhydrate)	Employée en médecine parfois	B		X		X	X
Ergot de seigle	LSD 25	Dietylamide d'acide lysergique	Emploi rare en médecine psychiatrique	B		X	X	X	
Peyotl	Mescaline	Mescaline	Aucune en France	B		X	X	X	
Champignons hallucinogènes	Psilocybe	Psilocybine	Aucune en France	B			X	X	
Khat	*catha edulis*	Cathine Cathinine	Emploi rare en pharmacie	B	X		X		
Amphétamines	Benzedrine Destrine	Amines de synthèse	Narcolepsie Dépression Obésité	B			X	X	

Marchés d'origine	Tolérance	Dépendance		Textes	Effets	
		Phys.	Psych.		À court terme	À long terme
I.	0	0	2	L. 627	Hallucinations, euphorie, somnolence, altération de la mémoire et du jugement, distorsion du temps et de l'espace	Conséquences chromosomiques diverses, apathie, immunisation réduite contre les infections
I.	0	0	3	L. 627		
I.	0	0	3 à 4	L. 627		
L & I	4	4	4	L. 627	Sudation, euphorie, somnolence, anxiété, dépression, confusion, activités physiques et intellectuelles affaiblies	Perte d'appétence, apathie, maigreur générale, pâleur, impuissance plus ou moins définitive, stérilité, œdème pulmonaire, hépatites, mort
L.	4	4	4	L. 627		
I.	4	4	4	L. 627		
I.	4	4	4	L. 627		
L.	2	2	2	L. 627		
L.	4	4	4	L. 627		
L & I	0	0	2 à 3	L. 627	Stimulation diminuant la fatigue, insomnie, perte d'appétence, euphorie	Excitation, irritabilité, psychose, cloison nasale perforée
I.	X	X	3 à 4	L. 627		
L & I	0	0	4	L. 627		
L & I	2 ⊕	X	3	L. 627	Hallucination, distorsion du temps et de l'espace, anxiété	Effets paranoïaques, « *flash-back* »
I	2 ⊕	X	3	L. 627	Anxiété, sudation, hallucinations, vomissements	Distorsion du temps et de l'espace, hyperactivité, paranoïa
I.	2 ⊕	X	2	L. 627	Détente intellectuelle, fatigue, isolement, hallucinations, anxiété	Distorsion du temps et de l'espace, hyperactivité, paranoïa
L & I	1	X	2 à 3	L. 627	Stimulation, troubles de la vue, désordre psychique	Troubles du système circulatoire, de l'appareil digestif, des organes génitaux
L.	3 à 4	2	3 à 4	L. 627	Diminution de la fatigue, euphorie, stimulation	Agitation, insomnie, perte de poids, tremblement, violence, paranoïa

Substances ou produits		Principes actifs principaux	Utilisations médicales		Consommation				
					Fumé	Inha.	Ingéré	Injecté	Autres
Barbituriques	Divinoctal Binoctal	Barbituriques	Convulsion Insomnie Anxiété	B/C			X	X	
Hallucinogènes de synthèse	PMA	Paramethidyamphétamine	Aucune en France	B			X		
	DMT	Dymethyltryptamine	Aucune en France	B	X		X	X	
	TMA	Trimethoxyamphétamine	Aucune en France	B			X	X	
	PCP	Phencyclidine	Médec. vétérinaire	B	X	X	X	X	
	STP	DOM	Aucune en France	B	X	X	X	X	
	MDA	Phenylethylamphétamine Methylinedioxyamphétamine	Aucune en France	B	X	X	X	X	
	MDMA (ecstasy)		Aucune en France	B			X		
	Ice	Chlorhydrate de d-méthamphétamine	Aucune en France	B	X		X	X	
	Méthaqualone		Hypnotique non barbiturique (Manderas, Mandrax)	B			X	X	
	GHB	Gamma hydroxybutyrate	Anestésique général	B			X		
Médicaments	Dolosal	Péthidine	Analgésique	B			X		
	Fringanor	Phendumetrazine	Amaigrissant	A			X		
	Palfium	Dextromoramide	Analgésique	B			X		
	Maxiton	Dexamphétamine	Surmenage	B			X		
	Ether		Soins divers	C		X	X		
Hydrocarbures	Solvants	Solvants	Aucune			X	X		
	Trichloréthylène	Solvants	Aucune	C		X	X		

Marchés d'origine	Tolérance	Dépendance		Textes	Effets	
		Phys.	Psych.		À court terme	À long terme
L.	4	4	4	L. 626 L. 627	Dépression, somnolence, altération du jugement, troubles	Agressivité, irritabilité, instabilité, confusion, perte de conscience
I.	X	X	X	L. 627	Hallucinations, anxiété, distorsion de l'espace et du temps	Spasmes musculaires, convulsion, hépatites
I.	3	X	2 à 3	L. 627		
I.	X	X	2	L. 627	Stimulation, hallucinations	Perte de conscience, violence, psychoses latentes, paranoïa, pression artérielle accrue
L & I	X	X	4	L. 627	Hallucinations, vertige, confusion	
I.	X	0	1 à 2	L. 627	Hallucinations, excitation	
I.	X	0	1 à 2	L. 627	Hallucinations, stimulation	
L & I	3 à 4 X	X	3 à 4	L. 627	Hallucinations, stimulation, décès	Rigidité, convulsions, frissons, décès
I.	3 à 4 X	3 à 4	3 à 4	L. 627	Euphorie, désinhibition, décès	Décès
L & I	3 à 4	3 à 4	3 à 4	L. 627	Sensation de détente, incoordination motrice, dépression	Tremblement, amnésie, dépression respiratoire et cardiaque, coma, décès
L.	3 à 4 X	3 à 4	3 à 4	L. 627	Action hypnotique, sommeil	État convulsif, coma, décès
L.	3 à 4	3 à 4	3 à 4	L. 627	Dépression	
L.	0	3 à 4	3 à 4	L. 626	Stimulation (anorexigène)	
L.	3 à 4	3 à 4	3 à 4	L. 627	Dépression	
L.	0	3 à 4	3 à 4	L. 627	Stimulation (dopant)	
L.	2	2 à 3	2 à 3	L. 626	Euphorie, somnolence, problèmes de coordination	
L.	3 à 4	3 à 4	3 à 4	Dt. 87729 du 28/08/87	Hallucination, ivresse, euphorie, perte de conscience, convulsions, somnolences, coma, asphyxies, décès	Hémorragies diverses, toux, tremblements, perte de mémoire, dépression, décès
L.	3 à 4	3 à 4	3 à 4	arrêté du 04/05/84 L. 626		

LÉGENDE (colonnes tolérance et dépendance)
0 = 0 ; 1 = faible ; 2 = modéré ;
3 = forte ; 4 = très forte
X = peut apparaître, recherches en cours
⊕ = tolérance de croisement
I. = illicite
L. = licite

Le monde de la drogue

2

Toxicomanes et toxicomanies

Bien que toutes les couches sociales soient aujourd'hui touchées par les problèmes de la drogue, force est de constater avec inquiétude que son usage affecte principalement la jeunesse. Nul ne peut nier le fait que les jeunes, souvent mal informés, soient influençables voire vulnérables face aux professionnels de la drogue ; ils constituent malgré eux une clientèle d'autant plus intéressante pour ces malfaiteurs qu'elle est fragile et malléable. Diverses causes psychologiques, sociales et économiques sont à l'origine de pratiques toxicomaniaques, habituelles ou occasionnelles.

Les causes de la toxicomanie

Le jeune ou l'adolescent devient souvent usager de stupéfiants soit par réaction, volontaire ou involontaire, soit par le hasard d'une rencontre ; il n'y a pas forcément à cela une raison claire et logique. Ce qui précisément ne facilite pas toujours l'appréhension de ce phénomène.

Les adolescents sont curieux de nature. Cependant, la curiosité peut mener à tout, et notamment à l'usage de stupéfiants ou de drogues assimilées, si elle n'est pas suffisamment guidée ou correctement nourrie par les parents ou les amis. Le manque d'information demeure l'une des causes principales de nombreuses « chutes toxicomaniaques ». Cette curiosité peut également résulter d'un manque, d'un vide que les structures traditionnelles d'hier, familles ou autres, ne sont plus capables souvent de combler. Or, on sait que les troubles identitaires sont particulièrement forts à l'adolescence. D'où une recherche de divers moyens, pour le jeune, de se découvrir, de s'affirmer, de se forger une personnalité. La drogue constitue un de ces moyens, faciles, pour un adolescent ou un adulte en quête « d'idéal », d'ignorer le monde réel et ses laideurs ; elle est un moyen pratique pour espérer atteindre un utopique bien-être, pour oublier une amitié absente ou encore conjurer une profonde angoisse existentielle. Mais le stupéfiant, à l'origine simple palliatif, devient vite le but de la vie du toxicomane, trompé par les autres, par le produit et par lui-même. La drogue, échappatoire temporaire face aux épreuves de la vie, exaltée voire « déifiée » au début de l'expérience toxicomaniaque, devient rapidement l'ennemi intime de l'usager.

C'est souvent au sein de la famille que le problème de la drogue trouve sa source. La famille, cellule de plus en plus comprimée, étouffée par la nouvelle configuration des sociétés modernes, perd toute sa saveur et sa vigueur. Ses fondements sont durement ébranlés, ses règles bafouées : un éclatement aux multiples causes s'opère qui ne lui permet souvent plus d'offrir à l'enfant cet espace sécurisant et structurant que constitue jour après jour la chaleur du foyer, l'amour et l'attention que chacun s'y échange[(43)]. Le rôle des parents est ici considérable ; toute démission de leur part est plus que néfaste pour l'avenir de l'adolescent qui connaît des difficultés de tous ordres au cours de cette phase transitoire entre son enfance et sa majorité. Les adolescents doivent être aidés, guidés, conseillés et accompagnés intelligemment sur le chemin de la vie, notamment pour tenir tête aux individus sans scrupules pour lesquels ils représentent des cibles intéressantes sur le terrain de la délinquance en général et de la toxicomanie en particulier.

La nécessité d'un environnement sain et sécurisant ainsi que des liens rassurants pour l'enfant ou l'adolescent ne sont plus à prouver. Si la famille pour une raison ou pour une autre n'assure pas son rôle constructif et stabilisateur, le manque ainsi généré demandera à être comblé par d'autres moyens. Si l'enfant trouve réponses, soutiens, écoutes, il pourra faire face à certaines inquiétudes, peurs ou angoisses. Si l'influence du groupe au sein duquel il évolue est positive, il trouvera toujours à surmonter ses problèmes. Si elle est en revanche négative, des comportements marginaux et anti-sociaux pourront alors apparaître et entraîner le jeune vers la délinquance et la rencontre éventuelle de la drogue.

Il est en clair primordial de très bien connaître ses enfants ; cela permet plus facilement de décoder les changements de comportement, étranges voire inquiétants. Plus le dialogue aura été développé entre parents et enfants, plus la communication sera facile à établir à tous propos. N'oublions jamais qu'un comportement insupportable est souvent chez un enfant un signe de détresse ; ne négligeons pas le fait que des propos inconvenants et impolis puissent constituer de véritables appels au secours. Il faut alors savoir être là. Les jeunes gens et les adolescents, tout comme les adultes, ont besoin d'être écoutés et d'être aimés ; sans amour, sans affection, un enfant ne saurait trouver au fond son équilibre.

Trop souvent donc, les consommateurs de drogue entrent dans ce cercle vicieux parce qu'ils n'attendent plus rien de la vie. Le produit leur garantit une fuite « tranquille » vers la déchéance et l'enfer de la mort lente après quelques séjours dans les « paradis spécieux » de l'aventure toxicomaniaque. Il importe de saisir le sens de leur démarche destructrice pour mieux les comprendre. Il faut en particulier éviter à tout prix toute attitude de psychose face à un enfant qui consomme de la drogue. Il ne faut ni banaliser ni dramatiser. Il faut être présent et disponible, rechercher le dialogue avec l'enfant, savoir être actif, à l'écoute, et ne négliger aucun moyen de se rapprocher de l'enfant pour ne pas l'abandonner à sa propre solitude.

En certaines circonstances, il conviendra de partir, de quitter les lieux pour déménager vers un endroit « vierge » où le jeune n'est pas connu afin de le mettre à l'abri des trafiquants et autres *dealers*. En effet, ces derniers n'hésitent pas parfois à « traquer » le jeune toxicomane pour conserver un bon client. Il est important alors pour celui-ci de disparaître. Certains jeunes ont pu abandonner la toxicomanie grâce à cette manœuvre salutaire. Dans ce cas, il est impérieux d'être avec le jeune et de l'accompagner. Contrairement aux idées reçues, c'est moins la cure que la post-cure qui est la plus difficile à affronter. La dépendance physique peut être soignée plus rapidement que la dépendance psychique. Il ne faut en clair jamais abandonner un jeune en post-cure, car c'est le livrer à nouveau à la drogue.

Trois types d'usagers doivent être distingués : les usagers occasionnels, les usagers « mesurés », enfin les usagers « intensifs ». Sur 100 usagers, 30 restent des consommateurs occasionnels, 20 deviennent des consommateurs « mesurés » (ou « réservés »), c'est-à-dire qu'ils recherchent systématiquement le plaisir dans la drogue. 10 % enfin deviennent des usagers « intensifs » ; les cures de désintoxication sont pour le coup quasiment impossibles à faire suivre à ce troisième type d'usagers trop intoxiqués pour qu'une thérapie de sevrage soit vraiment efficace. Sur ces 10 %, la moitié en viendra sans doute à consommer de la cocaïne, de l'héroïne, du *crack* ou d'autres produits pour lesquels la cure de désintoxication reste possible.

Les spécialistes estiment qu'il y aurait 160 000 héroïnomanes en France, 50 000 cocaïnomanes et 1 million de consommateurs de cannabis. Cette estimation reste très certainement en deçà de la vérité. Sans compter le nombre de toxicomanes, usagers de psychotropes et autres produits hallucinogènes synthétiques...

Les lieux de la toxicomanie

Les écoles. — Les écoles deviennent de plus en plus ouvertement le lieu commun de consommation de produits stupéfiants, principalement les lycées, collèges et universités où l'accès semble pour ainsi dire plus facile aux trafiquants qu'aux policiers ; les trafiquants-usagers et les usagers-revendeurs arpentent eux-mêmes souvent les couloirs des universités ou dépêchent un ou plusieurs vendeurs en échange d'une dose ou de quelques billets. Il arrive encore que les revendeurs se placent à la sortie des établissements ou aux alentours aux heures d'entrées et de sorties des adolescents.

L'étudiant est une cible malheureusement facile. Des trafiquants-usagers et usagers-revendeurs vendent ou offrent parfois leurs produits et leurs services aux jeunes gens à la sortie des écoles. Il y a peu, des bonbons au LSD étaient distribués gratuitement à des adolescents et des enfants à la sortie d'écoles et de lycées, ce qui permettait aux trafiquants de s'assurer de la sorte une demande future. Ce genre de manœuvre est hélas trop généralisé pour qu'on ne soit pas conscient de l'urgence de la prévention. Les phénomènes d'influences croisées, de mimétismes réciproques jouent à plein dans les écoles à l'âge où l'identité se construit. La jeunesse, l'adolescence sont des états trop fragiles pour être laissés sans surveillance bienveillante. Il importe en clair de mettre sur pied des conférences ou des séances d'information pour éclairer les professeurs et les élèves et ne pas hésiter à informer les forces de police ou de gendarmerie lorsque des risques toxicomaniaques se présentent.

La prison. — La prison représente un moyen efficace pour écarter les trafiquants du terrain de la drogue, quoique certains d'entre eux soient parvenus, tout en étant incarcérés, à diriger leurs affaires depuis leurs cellules. La mise à l'écart du trafiquant est impérieuse. La prison a de fait une place centrale dans la lutte contre le trafic de drogue. Il n'est pas sûr en revanche qu'elle s'impose pour l'usager.

Lorsque l'on se trouve en présence d'un véritable toxicomane, qui n'est pas impliqué dans la revente de stupéfiants, il est rare en fait que le magistrat ne lui prescrive pas une cure de désintoxication. Le problème devient plus délicat lorsqu'il s'agit d'un trafiquant-usager ou d'un usager-revendeur ; à ce moment-là, le juge doit déterminer si l'intéressé est plus « intoxiqué qu'intoxicant », ce qui n'est pas toujours facile. Faut-il renvoyer en cure de désintoxication des gens pour qui ce traitement n'a pas réussi dans le passé ?

Faut-il envoyer en prison des gens qu'il faudra bien aider de toute façon à leur sortie pour permettre leur réinsertion sociale ?

On estime qu'un quart des toxicomanes incarcérés sont délinquants avant de se mettre à consommer de la drogue ; mais beaucoup de prisonniers deviennent délinquants en raison de leur toxicomanie. Il est donc impératif de lutter avant tout contre toutes les toxicomanies même s'il est bien évident qu'il n'est pas aisé de soigner les 8 000 toxicomanes emprisonnés, surtout lorsqu'ils se trouvent auprès d'autres délinquants. Malgré les réserves que l'on peut avoir vis-à-vis du système carcéral, il reste peut-être préférable d'incarcérer les trafiquants plutôt que de laisser courir librement ces individus qui risqueront fort de causer préjudice à d'autres personnes pour obtenir de quoi se payer un « *shoot* ».

Comme dans certains pays étrangers, il convient d'adopter un système pour écarter les délinquants des autres détenus de droit commun afin d'éviter tout prosélytisme ; pour les plus jeunes, la prison devient encore trop souvent une seconde école du vice.

Les services de police et de gendarmerie n'hésitent pas à interpeller les usagers de produits toxiques ; ces arrestations permettent de connaître les usagers et de les différencier des usagers-revendeurs et des trafiquants-usagers. Mais compte tenu de l'augmentation des « petits trafiquants » issus des usagers, il n'est pas possible de renoncer à punir l'usage.

Il peut toutefois sembler opportun de reconsidérer certaines peines lorsqu'il s'agit de simples usagers. La circulaire Pelletier du 17 mai 1978, qui établit une distinction entre les différents produits, offre aux magistrats la possibilité de reconsidérer chaque cas rencontré et d'adapter une réponse à chaque situation. Et même si certaines peines (travaux d'intérêts généraux, aides particulières aux municipalités...), hors prison, peuvent être ajoutées à l'actuel arsenal juridique, il nous paraît moins urgent de multiplier les textes de loi que d'appliquer ceux qui existent déjà, en les adaptant si besoin est.

Ce qui manque en fait, ce sont les moyens permettant de mettre en œuvre cette politique pénale souple. Et pourtant, les saisies opérées sur le patrimoine de trafiquants nationaux ou internationaux pourraient permettre de financer les établissements d'accueil pour les toxicomanes. Tant que d'autres établissements de thérapeutique et de rééducation pour toxicomanes ne seront pas mis en place, l'emploi de la prison ne pourra être évité.

La polytoxicomanie

La polytoxicomanie correspond à la consommation simultanée de plusieurs types de stupéfiants ; elle tend à devenir de plus en plus fréquente et inquiète tout particulièrement les spécialistes parce que démultipliant les risques toxiques elle peut être plus que redoutable et désastreuse. Il peut s'agir de produits issus directement du trafic international illicite de stupéfiants comme le « *speed-ball* », un mélange d'héroïne et de cocaïne. Il peut également s'agir d'un mélange à base de stupéfiants, de substances psychotropes ou de médicaments, avec ou sans alcool. Le mélange de médicaments divers à de l'alcool est en particulier fréquent. Ce genre de toxicomanie peut avoir des conséquences douloureuses voire irréversibles. La polytoxicomanie est dangereuse car elle est le fruit d'une imagination de circonstance ; plusieurs produits peuvent être mélangés à l'infini. La polytoxicomanie est en fait souvent une pratique de substitution pour les toxicomanes, soit parce qu'ils n'ont plus de produit stupéfiant, soit parce qu'ils alternent les utilisations de produits et « remèdes » divers. Cette forme de toxicomanie provoque d'importants dégâts sur l'organisme et complique l'éventuelle intervention du médecin en cas d'accident.

Le trafic illicite des stupéfiants

Le commerce illicite des stupéfiants et des substances psychotropes s'est considérablement développé depuis la fin du siècle dernier. Il atteint aujourd'hui, sous toutes les latitudes, un seuil inquiétant comme le déclarent les plus éminents spécialistes internationaux. La production illicite mondiale de drogue, notamment de cannabis, ne cesse d'augmenter, en particulier en Afrique. Le rapport annuel de l'Organe international de contrôle des stupéfiants (OICS) pour 1996 dresse un tableau de la situation de la drogue dans le monde empreint d'un pessimisme à peine voilé : « Depuis 1980, les saisies d'opiacés dans le monde ont plus que quintuplé et les saisies de cocaïne plus que décuplé. Arrestations et condamnations pour infraction à la législation sur les drogues ont aussi augmenté, notamment parmi les producteurs et trafiquants de drogues illicites et les personnes qui blanchissent les produits tirés de la drogue. [...] Une question requiert une attention particulière : la mise en place des mesures voulues pour protéger les agents et institutions de l'État contre la corruption ou l'intimidation. Les énormes montants générés par le trafic illicite de drogues ont donné aux trafiquants un immense pouvoir économique. Ceux-ci ont ainsi pu subvertir l'administration publique, y compris l'appareil de justice pénale, en corrompant ses agents, par de l'argent ou d'autres moyens, ou encore, si la tentative de corruption a échoué, en s'efforçant de les intimider par des menaces et des violences. Les membres des forces de police ou de l'appareil judiciaire, les hommes politiques, les percepteurs, les agents des douanes et autres représentants des pouvoirs publics sont tous victimes de menaces d'un genre ou d'un autre. En outre, des entreprises licites peuvent se trouver impliquées dans le blanchiment des produits du trafic de stupéfiants. L'argent blanchi peut alors être réinvesti dans des entreprises licites par ailleurs, qui sont de ce fait tributaires de sources illicites de financement et ont un avantage concurrentiel injuste sur les entreprises qui n'ont pas ce soutien. La corruption mine la légitimité des gouvernements, et aussi la confiance du public dans l'État de droit et les institutions économiques et sociales.»[44]

Les trafiquants et leur milieu

Le milieu des trafiquants de drogues est constitué d'individus sans scrupules, souvent d'anciens repris de justice. Il peut s'agir de véritables professionnels, de semi-professionnels ou de non-professionnels. Les professionnels, aux postes les plus importants des réseaux internationaux, sont des acteurs permanents qui dirigent et contrôlent les opérations menées durant les différentes phases de ce commerce illicite. Ils appartiennent généralement à des milieux « spécialisés » de la grande criminalité et opèrent principalement pour le compte d'organisations criminelles nationales ou internationales, telles la maffia ou les triades.

Dans son ouvrage *La Politique de l'héroïne en Asie du Sud-Est,* Alfred Mc-Coy décrit la mise en place des réseaux de trafic de drogue par la maffia avant la seconde guerre mondiale. Mouvement patriotique à l'origine, les triades devinrent rapidement une organisation criminelle importante en Asie. Bien que supprimées officiellement en 1842, elles conservent toujours aujourd'hui une puissance certaine et se chargent, entre autres, d'écouler les opiacés sur une échelle internationale. D'autres structures redoutables et particulièrement dangereuses comme la maffia russe sont de plus en plus actives dans le trafic de drogue.

L'implantation de communautés étrangères dans les pays d'Europe occidentale ou d'Amérique du Nord favorise ce genre de commerce et permet aux trafiquants recherchés par les instances judiciaires de circuler de manière discrète ou anonyme. L'ouverture des frontières favorise encore le déplacement de malfaiteurs en tous genres. Partout se croisent ainsi des terroristes et des criminels de diverses nationalités, attirés par la criminalité hautement rentable que constitue le trafic de stupéfiants. Tous les types de malfaiteurs se retrouvent sur ce terrain ; une délinquance en « col blanc » côtoie une délinquance en « pull-over noir » issue de tous les milieux sociaux.

De grands patrons dirigent ces organisations comme le prouvent des enquêtes sérieuses effectuées sur le plan international. Ce sont principalement des personnes influentes qui bénéficient de couvertures politiques et sociales importantes. Selon les pays, les « chimistes » sont quant à eux employés à temps partiel ou à plein temps ; dans le meilleur des cas, ils peuvent parvenir à fabriquer 10 kilos d'héroïne en moins de deux jours. Ils travaillent généralement en trio : un « chef-cuisinier » et deux « apprentis ».

Les semi-professionnels sont des individus qui participent pour un temps à une affaire illégale mais qui l'abandonnent dès que leur service est rendu. Ils dirigent la plupart du temps un commerce ou une société « au-dessus de tout soupçon ». Ces intermédiaires mettent du matériel voire du personnel à la disposition des organisations qui financent et dirigent le trafic de drogue auquel ils prêtent leur concours pour un temps défini. Il peut s'agir d'anciens repris de justice « reconvertis » ou de « criminels non identifiés » qui agissent en toute impunité. Leur « petit coup de main » leur permet ainsi d'arrondir leurs fins de mois. Il peut s'agir également de personnes qui profitent des avantages de leur profession pour faire passer d'un pays à un autre des petites quantités de drogues (stewards, militaires, marins, etc.). Certaines d'entre elles peuvent faire l'objet de pressions ou de menaces. À une époque, par exemple, le Syndicat de la drogue du Moyen-Orient utilisait des filles de cabaret ou des danseuses pour faire passer, contraintes et forcées, de l'héroïne à l'étranger ; elles transportaient la marchandise sur elles, dissimulée sous leurs vêtements.

Dans certains pays, des fonctionnaires corrompus participent activement mais de manière sporadique au trafic de stupéfiants soit en prêtant « main forte » aux trafiquants, soit en fermant les yeux sur leurs activités illégales. Ils reçoivent des pots-de-vin en contrepartie comme prix de leur silence. L'organisation criminelle peut faire appel à toutes sortes de corporations professionnelles pour mener à bien ce sinistre commerce. Les non-professionnels quant à eux sont généralement des usagers qui agissent pour leur compte personnel une fois de temps en temps où à qui l'on promet un « petit quelque chose » (de l'argent ou de la « came ») pour effectuer un passage unique. Enfin certaines personnes manipulées participent malgré elles à ce trafic international ; pour rendre service à une vague connaissance ou un ami d'un ami, elles transportent un colis ou un paquet truffé de drogue destiné à un « parent » du solliciteur ; il est alors souvent difficile pour l'intéressé de se disculper lorsqu'il est contrôlé par les services de répression du trafic illicite de stupéfiants.

Les contacts avec le milieu peuvent être occasionnels, habituels ou subis, selon les circonstances. Les rapports occasionnels sont le fait de petits *dealers* qui viennent de temps en temps au contact des professionnels pour obtenir leur produit avant de le revendre. Il peut s'agir encore d'un usager qui fréquentera sporadiquement des trafiquants afin de se fournir en stupéfiants (pour son seul usage). C'est le cas notamment de la plupart des jeunes usagers et toxicomanes qui, pour obtenir leur dose, doivent systématiquement entrer en contact avec le « milieu », par nature malsain et dangereux pour eux.

Pour notre part, nous sommes tenté de faire une nette distinction entre l'usager-revendeur qui consomme plus qu'il ne vend son produit (et que nous plaçons dans ce domaine « occasionnel »), et le trafiquant-usager qui vend plus qu'il ne consomme (position beaucoup plus criminelle s'inscrivant dans un cadre plus « habituel » de fréquentation de trafiquants auxquels il s'assimile inévitablement). Il est bien évident que, dans la pratique, cette différenciation n'est pas facile à établir. Cependant, cette nuance est importante : la responsabilité prise dans le trafic, le danger représenté pour la société, le degré d'activité criminelle n'est évidemment pas le même dans les deux cas. Pour le trafiquant-usager, le contact avec l'organisation criminelle à laquelle il appartient, bon gré mal gré, est permanent. Elle l'approvisionne en produit, il l'approvisionne en « devises ». Le trafiquant au fond n'existe que si l'organisation criminelle existe, même pour le *dealer* solitaire qui va s'approvisionner dans le pays de production d'héroïne ou de cocaïne.

Il existe également des rapports contraints avec le milieu dont sont notamment victimes les prostituées prisonnières de souteneurs-trafiquants de drogue qui les fournissent en produit moyennant « services rendus ». Sean O'Callaghan rapporte l'histoire de nombreuses filles qui, séduites par d'habiles proxénètes avant d'être intoxiquées de manière insidieuse, se sont retrouvées sur le trottoir ou dans des « maisons de passe » pour le reste de leur existence. Le cas inverse se produit également : des toxicomanes filles ou garçons se prostituent « volontairement » pour obtenir de quoi acheter leurs doses de drogue. C'est ce que nous rapportent Kai Hermann et Horst Riek dans leur ouvrage *Moi, Christiane F., 13 ans, droguée, prostituée...*

L'organisation des réseaux de trafiquants diffère selon l'origine géographique du produit illicitement commercialisé. Deux sources d'approvisionnement de ce marché clandestin sont à distinguer :

- une production licite contrôlée plus ou moins bien par des agents agissant conformément aux dispositions de la Convention unique sur les stupéfiants de 1961. Une partie de cette production est détournée avant d'être acheminée vers des centres clandestins de transformation. Ainsi l'opium cultivé à des fins licites sert-il dans une certaine mesure de base à la transformation illégale de morphine-base en héroïne ;
- une culture de pavots à opium ou de feuilles de coca destinée à la production illicite de stupéfiants opiacés ou de cocaïne. Ces pratiques sont courantes dans le Triangle d'or, dans le Croissant d'or,

au Moyen-Orient ou dans le Losange d'or pour obtenir des dérivés de l'opium.

Le Triangle d'or (Thaïlande, Laos, Birmanie) est une région très montagneuse où habitent des tribus qui vivent essentiellement de la culture du pavot blanc à opium. La difficulté d'accès et le manque de voies routières facilitent l'exploitation non contrôlée du *papaver somniferum* à des fins illicites. De nombreuses études ont été effectuées sur cette région qui fournissait il y a peu encore la plus grande partie de matière première destinée à la fabrication des opiacés ; mais depuis quelques années, l'héroïne du Moyen-Orient et notamment du Croissant d'or arrive en Europe.

Le Croissant d'or est formé de l'Iran, du Pakistan et de l'Afghanistan. Ces pays fournissent l'opium nécessaire à la transformation de la morphine-base en héroïne ; aujourd'hui, il semble selon les spécialistes, que cette région du globe surpasse tous les autres pays en ce qui concerne les quantités produites pour le marché clandestin. L'utilisation de l'héroïne se développe de façon considérable à travers le globe comme en témoigne le rapport de l'OICS pour 1996.

Le Losange d'or (Bolivie, Vénézuela, Colombie, Pérou, Brésil) participe plus activement que jamais à la culture de la feuille de coca ; les trafiquants déjouent sans fin les plans mis au point par les autorités gouvernementales pour contrôler ce sinistre commerce et continuent de produire la cocaïne qui envahit les États-Unis, l'Europe, l'Asie et l'Afrique. La France semble être un pays de transit pour ce stupéfiant en particulier. Des usagers-revendeurs et des trafiquants-usagers effectuent le ravitaillement à l'étranger, principalement à Amsterdam et à Milan pour des doses variant entre 50 et 100 grammes, puis ils utilisent la voiture ou le train pour revenir en France. Une partie souvent infime est destinée à l'usage personnel du trafiquant, le reste est revendu avec bénéfice.

Au niveau européen, il est à redouter qu'une alliance puisse unir les « Sud-Américains » et les « Siciliens », plus spécialisés dans le trafic de l'héroïne. La lutte contre la cocaïne se traduit sur le terrain par un combat contre des professionnels particulièrement prudents. L'Italie demeure le pays européen qui consomme le plus de cocaïne. Le cannabis provient quant à lui d'Asie méridionale, d'Afrique et des pays de la partie centrale du Nouveau Monde.

3 452 kg d'herbe, 51 664 kg de résine de cannabis et 5 kg d'huile de cannabis ont été saisis en France en 1997 contre 31 279 kg de cannabis, 35 575 kg de résine de cannabis et 5 kg d'huile de cannabis en 1996. De nombreuses doses de LSD 25 sont par ailleurs saisies en France chaque année par les services des douanes, de la police et de la gendarmerie. Plus de 5 983 doses ont ainsi été saisies en 1997 dans notre pays contre 74 780 en 1996.

Les filières, composées de plusieurs réseaux, sont constituées de maillons plus ou moins nombreux selon les cas. C'est par le biais de « compartimentages » et de « tronçonnements » que cette chaîne devient difficile à remonter pour l'agent chargé de démanteler ces filières. Dans les triades, « les nouveaux membres sont recrutés parmi les sociétés succursales qui doivent envoyer à la section du recrutement du quartier général des détails concernant la nouvelle recrue. Seul le quartier général est habilité à accepter une adhésion. Il est interdit à un membre appartenant à l'une des sections secondaires (sections des affaires générales, du recrutement, de l'organisation, de liaison et d'éducation) de recruter un autre membre. Les membres des branches secondaires ne connaissent jamais le nom des chefs, chefs adjoints, maîtres de l'encens et avant-garde de la branche maîtresse. Il peut s'agir de personnages hautement respectés de la communauté. De ce fait, en cas d'arrestation, un membre ordinaire, même torturé, ne saurait dénoncer aucun des chefs du quartier général.»(45)

Deux grandes catégories de trafic sont à distinguer :

- le trafic « géant » ;
- le trafic de « fourmi ».

Le premier ressemble au schéma présenté ci-après. Des transformations effectuées en laboratoire clandestin permettent d'obtenir un produit fini dont la présentation « réduite » favorise la discrétion du transport puis de la revente.

Le trafic de drogue

Secteurs	Nature de l'opération	Exemple
1	La culture de la matière première	Pavot à opium Feuille de coca Pieds de cannabis
2	La récolte et la mise en condition de la matière première	Par des paysans
3	Les acquéreurs de la matière première	Chargés de choisir la marchandise et de la payer
4	L'expéditeur chargé de la marchandise et de son transport vers les lieux de stockage et de transformation. Il peut s'agir de petits réseaux qui interviennent successivement sur un même cheminement clandestin	Semi-professionnel qui fournit une aide temporaire (muletier d'un village, batelier indigène) ou hommes de main professionnels
5	Transformation dans des installations clandestines (fixes ou mobiles)	L'opium est transformé en morphine-base, plus facile à transporter, la feuille de coca en *pasta*
6	Transport de la matière de base ou des produits nécessaires à la transformation	Transport par voie aérienne, maritime ou routière de la morphine-base ou de la *pasta*
7	Transformation en produit consommable par des « chimistes » clandestins dans des laboratoires	L'héroïne extraite de la morphine-base ou la cocaïne de la *pasta*
8	Transport du produit jusqu'aux grossistes et pourvoyeurs locaux ou étrangers	Acheminement par voie ferrée, routière, maritime ou aérienne ; utilisation de personnels différents
9	Vente du grossiste aux semi-grossistes installés dans des régions ou des pays parfois très éloignés	Trafiquants qui vont couper le produit avec des succédanés divers
10	Vente de semi-grossistes à des détaillants prosélytes (recrutement de *dealers* et de futures victimes)	Achat par trafiquants usagers qui coupent le produit et contactent les toxicomanes
11	Achat par des vendeurs-coupeurs	Usagers-revendeurs
12	Achat par des usagers « simples »	Usagers et toxicomanes

Les modes de transport varient selon les besoins; des camions transportant des denrées alimentaires peuvent par exemple cacher des stupéfiants (comme dans l'affaire du camion de pastèques en 1966 qui transportait dans un double fond 54 kilos de morphine et 500 kilos d'opium). La marchandise peut également être acheminée par bateau (425 kilos d'héroïne ont été saisis en 1972 dans la cale du *Caprice des temps*). L'utilisation des avions est courante entre l'Amérique du Sud et les États-Unis pour assurer le transport de la cocaïne et du cannabis. Nombreux sont les appareils saisis par les services des douanes américaines. On ne compte plus par ailleurs les saisies effectuées dans les grands aéroports français et européens sur des voyageurs qui transportent sur eux voire en eux (s'ils ont ingéré les produits), ou encore dans des valises à double fond, toutes sortes de stupéfiants.

Il est fréquent que le pays producteur du stupéfiant (héroïne, cocaïne, cannabis ou LSD) soit séparé du pays où il sera commercialisé par plusieurs autres pays qu'il s'agit de traverser le plus discrètement possible. Des saisies récentes dans des laboratoires italiens d'héroïne extraite de morphine-base venant du Moyen-Orient donnent un exemple de la complexité des structures mises en place par les organisations criminelles pour parvenir à leurs fins.

Le « trafic de fourmi », de plus en plus important, permet au convoyeur unique, autonome et parfois indépendant, d'aller chercher lui-même la drogue dans le pays étranger qui la produit. Puis il la ramène à ses risques et périls dans son pays d'origine. Il en consommera éventuellement une partie avant de revendre le reste.

L'exemple du Français qui s'envole vers la Thaïlande pour ramener de l'héroïne est courant. À son retour, il coupe le produit avant de le revendre à d'autres usagers intoxiqués. Ce type de trafic indépendant pose des problèmes en ce qui concerne la répression, car cette forme de trafic fluctue entre l'amateurisme et le professionnalisme; des réseaux plus importants ont recours à ce même mode de convoi individuel discret pour faire venir la drogue en Europe, utilisant des convoyeurs naïfs qui pensent de la sorte obtenir rapidement un pécule facilement gagné. Des Chinois et des Sud-Américains, parmi tant d'autres, sont souvent interpellés alors qu'ils transportent ainsi de la drogue pour le compte d'organisations internationales.

Les filières connues, très souvent mentionnées par les médias, sont les suivantes :
• la filière française (héroïne) ;
• la filière turque (héroïne) qui exporte essentiellement vers l'Europe ;
• la filière chinoise (héroïne) qui exporte également vers l'Europe ;
• la filière latine (cocaïne et cannabis) qui « inonde » le globe depuis plus de dix ans ;
• les filières « psychotropes » en provenance d'Europe et d'Asie vers l'Afrique.

Le trafic illicite des stupéfiants est une activité très lucrative dont il est quasiment impossible de calculer les bénéfices dans leur globalité. Le caractère international de ce commerce entrave en effet toute possibilité de calcul précis. Ce marché clandestin obéit pour le reste aux mêmes règles commerciales que celles de n'importe quel marché légal ordinaire. Plus il y a de produits, et moins ils seront chers, du fait de la concurrence. Moins il y a de produits et plus le prix sera élevé.

La demande est toujours en augmentation dans son ensemble. Lorsqu'un produit vient à manquer, il favorise souvent l'apparition d'un produit de remplacement et entraîne *de facto* l'ouverture de marchés clandestins de « circonstance ». Ces produits peuvent être à l'origine de décès par surdose intervenue accidentellement après le changement de la source d'approvisionnement ; le produit peut être en effet plus fort ou moins bon.

Les profits considérables dégagés par ces activités coupables encouragent les trafiquants à continuer leurs méfaits ; ceux-ci n'hésitent pas à prendre des risques (ou à en faire prendre aux autres) pour assurer l'expansion de leur marché et de leur marge bénéficiaire. « L'héroïnomane est devenu un être exploité au profit des gangs internationaux qui vendent un million de dollars, sur le trottoir de New York, 1 kilo d'héroïne, dont la matière première – 10 kilos d'opium – leur a coûté au maximum 500 dollars.»[46]

À Bangkok, il n'y a pas si longtemps, la quantité d'opium nécessaire à la fabrication d'une livre d'héroïne coûtait 80 livres sterling. Ce prix comprenait l'augmentation croissante du prix de l'opium, les pots-de-vin versés aux gardes-frontière, le transport à Bangkok. Si l'opium était vendu à Singapour, il atteignait 120 livres sterling. Si on le mettait à bord d'un navire à Bangkok pour le transporter à Hong-Kong et le convertir en héroïne, le prix de la livre de ce dernier produit atteignait 400 livres sterling. Si les trafiquants réussissaient à faire passer leur marchandise aux États-Unis, ils pouvaient en tirer 8 000 livres le demi-kilo. Il s'agit là du prix de gros de l'héroïne pure, avant qu'elle ne soit « coupée ».

« Les grands patrons achètent en général l'héroïne n° 4 en vrac, par quantités, de 20 à 100 kilos, qu'ils doivent payer comptant jusqu'à 27 000 dollars le kilo. Un mafioso subalterne, appelé un "contact-kilo" dans le métier, dilue l'héroïne à 50 % et la divise en lots plus petits, qu'il passe à deux ou trois distributeurs. À partir de là, l'escalade de la dilution et du prix de vente se poursuit à travers trois autres niveaux du réseau de distribution, avant qu'elle n'atteigne enfin la rue. À ce stade, la valeur de l'héroïne, qui a décuplé, atteint 22 500 dollars le kilo, et elle est tellement diluée que le taux de pureté du sachet ordinaire vendu au drogué dans la rue ne dépasse pas 5 %.»[47]

Le marché de la drogue

Le marché se partage, comme nous l'avons vu précédemment, en trois parties.

• Le marché de gros est constitué par des professionnels criminels qui travaillent dans le domaine de « l'import-export » ; ce trafic concerne essentiellement la matière première (opium, feuilles de coca, cannabis) destinée à être transformée par les laboratoires clandestins. Il peut s'agir également de stocks importants d'héroïne, de cocaïne ou d'autres stupéfiants très purs à ce stade.

• Le marché de semi-gros est constitué de semi-professionnels ou de professionnels selon les circonstances qui vont prendre leur part sur la valeur marchande d'une quantité d'héroïne ou de cocaïne qu'ils auront préalablement diluée afin d'en augmenter la quantité et d'en diminuer la qualité. Il peut s'agir de personnes ne « touchant » pas personnellement à la drogue ou s'y adonnant éventuellement de temps à autre.

• Le marché de détail, dans lequel on trouve d'abord les trafiquants-usagers puis les usagers-revendeurs, est le dernier maillon de cette « chaîne infernale » avant les toxicomanes et autres usagers occasionnels. Ils participent à la vente et la revente d'une drogue diluée et coupée à l'aide d'autres produits peu actifs voire inactifs ; certains vont même jusqu'à composer de faux stupéfiants obtenus à partir de mélanges sordides, comme celui de plâtre et d'huile de vidange.

En France, le gramme d'héroïne pure, coupée par le trafiquant avec un succédané quelconque (lactose, talc...), est vendu entre 800 et 1 300 francs. Une dose peut être formée à partir d'un gramme d'héroïne (déjà dilué une ou plusieurs fois auparavant par les précédents intermédiaires) partagé en cinq parts égales auxquelles on rajoute le succédané.

Sachant qu'un héroïnomane consomme en moyenne un gramme d'héroïne par jour, on peut imaginer la somme considérable amassée au bout d'une année par les trafiquants. « Pour un usager d'héroïne consommant environ un gramme par jour et qui réussirait à se procurer en permanence sa dose quotidienne, celle-ci représenterait une dépense annuelle de 150 000 à 180 000 francs... Pour un utilisateur de haschisch, consommant 5 grammes par semaine, ce qui correspond à une dose courante, le coût annuel s'élèverait à environ 3 000 francs.»[(48)] Si l'on multiplie cette somme (150 000 francs) par plus de 9 000 (le nombre moyen d'héroïnomanes interpellés dans une année), on trouve la somme astronomique de 1 350 000 000 francs pour l'année ! Le prix de la marijuana varie quant à lui entre 50 et 100 francs (pour 3 à 5 grammes), le prix du haschisch entre 100 et 150 francs (pour 3 à 5 grammes également). L'opium coûte entre 50 et 200 francs le gramme. La cocaïne varie entre 600 et 800 francs le gramme, parfois moins. La dose de LSD 25 coûte de 50 à 100 francs. On comprend de fait aisément les difficultés que rencontre l'héroïnomane pour faire face à ses besoins; il doit recourir à d'autres activités délinquantes ou criminelles pour obtenir de quoi acheter ses doses, sans parler de ses autres besoins pour « vivre ».

Il est clair que les trafiquants amassent de fait, dans un délai assez court, un pécule important qu'ils pourront réinvestir dans d'autres affaires similaires ou légales. Les bénéfices qui résultent de cette activité criminelle favorisent l'acquisition de matériels sophistiqués et modernes, de moyens de transports efficaces et rapides (avions, vedettes, etc.), sans parler du « concours » ou du « silence » trop facile à obtenir de la part de fonctionnaires sous-payés. L'acquisition de certaines armes destinées au terrorisme national ou international s'effectue de plus en plus à partir de bénéfices issus du trafic illicite des stupéfiants. Ajoutons qu'une grande partie de cet argent est « blanchi » ou « lavé », selon les termes consacrés, avec l'aide intéressée d'hommes d'affaires douteux et de financiers corrompus.

Le milieu des trafiquants de drogue, des trafiquants-usagers et des usagers-revendeurs, représente ainsi un carrefour où petite, moyenne et grande délinquances et pharmacodélinquances se rencontrent.

Déjà, en 1969, Sean O'Callaghan signalait qu'en Iran, « les intoxiqués, même très jeunes, commettraient n'importe quel crime pour se procurer leur poison ». Il ajoutait que « beaucoup de voleurs ou autres malfaiteurs sont devenus toxicomanes en fréquentant les bas-fonds ou par contact avec les triades, alors que des toxicomanes honnêtes à l'origine ne reculent pas devant des moyens malhonnêtes, ni même devant le crime, pour obtenir de l'argent et satisfaire leur vice.»(49) On voit bien là le piège que représente la tentation toxicomaniaque : chaque étape sur le chemin de la drogue balise en vérité une descente aux enfers de la délinquance et du crime dont on ne voit jamais la fin.

La lutte contre l'usage illicite des stupéfiants

L'article L. 628 du Code de la santé publique stipule que « seront punis d'un emprisonnement de deux mois à un an et d'une amende de 500 à 5 000 francs ou de l'une de ces deux peines seulement, ceux qui auront, de manière illicite, fait usage de l'une des substances ou plantes classées comme stupéfiants ».

Dans la réalité, les choses sont en fait éminemment complexes. S'il est aisé de condamner un simple usager, l'apparition d'usagers-revendeurs et de trafiquants-usagers pose quelques problèmes aux magistrats. Les avis sont très partagés quant à savoir si le toxicomane-revendeur est un malade ou un délinquant. Lorsque l'usager se contente de consommer le produit sans en revendre ni en céder à qui que ce soit, les dispositions de l'article L. 628 du Code de la santé publique s'appliquent sans problème. Mais la difficulté survient lorsque l'usager se fait revendeur et tire un bénéfice quelconque de cette démarche qui relève du trafic illicite de stupéfiants et autres drogues. Dans la réalité des conduites toxicophiles, l'usager-revendeur doit être différencié du trafiquant-usager, ce dernier étant d'abord trafiquant puis accessoirement usager, comme nous l'avons déjà précisé. L'usager-revendeur doit quant à lui être aidé et d'abord empêché de vendre (ou de revendre) le produit, puis (s'il en a la volonté) être soutenu dans sa tentative de quitter ce milieu de toxicomanes par les voies réglementaires et légales prévues.

Le trafiquant-usager, de plus en plus toxicomane, sera d'abord considéré comme trafiquant (car il tire des bénéfices de sa « profession ») puis comme usager ; cependant, l'état de santé de l'intéressé primant sur le reste, il sera placé sous la responsabilité de l'autorité sanitaire afin d'être désintoxiqué avant d'effectuer (éventuellement) une peine de prison. Le trafiquant, une fois désintoxiqué, abandonne alors parfois la revente et le trafic illicite de stupéfiants puisqu'au fond le trafic n'existait que pour alimenter les besoins toxicomaniaques du délinquant.

Le juge, saisi d'une affaire de ce type, devra donc déterminer si la personne interpellée répond plus aux « critères » de trafiquant qu'à ceux d'usager de drogue. En ce domaine, il appartient aux enquêteurs d'aider le juge en apportant à la procédure un maximum de renseignements sur la personnalité du délinquant et sa manière de vivre, de rechercher s'il s'agit d'un récidiviste ou d'un « délinquant primaire ».

L'usage de stupéfiants, principalement de cannabis sous forme de marijuana, est de plus en plus « banalisé » dans la pratique, et le nombre des affaires rencontrées augmente considérablement au fil des années. Il est bien entendu que des cas bénins (et donc notamment la consommation très occasionnelle et pour tout dire modérée de cannabis) ne nécessitent pas forcément la mise en marche de l'action publique. En ce domaine, le procureur de la République conserve toute latitude pour poursuivre ou non une affaire, selon les prescriptions légales du Code de procédure pénale. La création d'une procédure simplifiée pourrait peut-être faciliter l'action de la justice et celle des forces de police en l'occurrence.

La répression

C'est dans le cadre des dispositions prévues au Code de procédure pénale concernant l'exercice de la police judiciaire que les officiers et agents de la police et de la gendarmerie nationale agissent sous la direction du procureur de la République et constatent les infractions à la loi pénale, en rassemblent les preuves et en recherchent les auteurs (article 14 du Code de procédure pénale).

C'est également sur les bases de la loi 70-1320 du 31 décembre 1970 que ces différents services ainsi que les douanes françaises agissent plus spécifiquement contre le trafic illicite de stupéfiants. Ce texte aménage des droits particuliers aux différents enquêteurs qui opèrent sur ce type d'affaires.

Les unités des douanes, de la police et de la gendarmerie nationale conduisent les enquêtes de façon indépendante ou en coordination contre les trafiquants de drogue sur le territoire national et parfois à l'étranger lorsqu'ils agissent sur commission rogatoire internationale notamment.

Certains faits sont considérés par le législateur comme des délits. En ce qui concerne l'usage illicite de stupéfiants, on l'a vu, la loi de 1970 prévoit des peines pouvant aller jusqu'à un an de prison et/ou 25 000 francs d'amende. Ceux qui offrent ou qui cèdent de la drogue à une tierce personne pour sa consommation personnelle peuvent être condamnés jusqu'à 5 ans de prison et 500 000 francs d'amende. Il y a aggravation des peines lorsque ces manœuvres s'adressent à des mineurs. Le trafic des stupéfiants est quant à lui très sévèrement réprimé ; les peines d'emprisonnement peuvent aller jusqu'à 20 ans et les amendes atteindre 50 millions de francs. Ceux qui « ont facilité à autrui l'usage de stupéfiants à titre onéreux ou gratuit », et ceux qui « au moyen d'ordonnances fictives ou de complaisance se seront fait délivrer des stupéfiants » encourent également les mêmes peines. En cas de récidive, les peines peuvent être doublées. Le transport, la détention, l'offre, la cession, les ordonnances de complaisance, l'emploi illicite de stupéfiants sont punis par des peines d'emprisonnement pouvant aller jusqu'à 10 ans et 50 millions de francs d'amende.

D'autres faits constituent des crimes. La production ou la fabrication illicite de stupéfiants peut entraîner jusqu'à 20 ans de prison et 50 millions d'amende. L'importation ou l'exportation illicite de stupéfiants en bandes organisées peut entraîner jusqu'à 30 ans de prison et une amende pouvant atteindre 50 millions de francs. Notons enfin que la direction d'une organisation spécialisée dans la fabrication et le trafic de stupéfiants peut entraîner la réclusion criminelle à perpétuité.

Les outils thérapeutiques

La cure

La loi (articles 355-18 à 355-20 du Code de la santé publique) prévoit que toute personne toxicomane qui se présente spontanément auprès d'un service de prévention ou de cure pour se faire soigner (de façon anonyme) peut bénéficier de la gratuité des soins ; aucune intervention n'est alors exercée par l'autorité judiciaire (le procureur de la République), l'autorité sanitaire (la Direction départementale de l'action sanitaire et sociale), la police ou la gendarmerie.

Si un consommateur de drogue (héroïne, cocaïne, cannabis, *crack*, LSD...) est interpellé, il peut en revanche être poursuivi par l'autorité judiciaire. Toutefois, il peut être placé sous la surveillance de l'autorité sanitaire ; l'autorité judiciaire peut alors renoncer à exercer des poursuites contre l'usager concerné en lui proposant de suivre une cure de désintoxication ou de se soumettre à une surveillance médicale. C'est ce que l'on appelle « l'injonction thérapeutique ». L'usager sera suivi par un médecin de son choix dans le cadre d'une surveillance médicale ou sera placé au sein d'un centre de cure conformément aux termes de la loi 70-1320 du 31 décembre 1970.

La cure aura pour objectif d'aider le toxicomane à s'affranchir des chaînes de la dépendance toxicomaniaque grâce à un accompagnement privilégié (personnels spécialisés...). Mais les problèmes du toxicomane sont loin d'être strictement d'ordre physique. La drogue, on l'a vu, marginalise souvent ses adeptes qui peuvent devenir parfois très nettement asociaux. Le règlement des difficultés relationnelles, souvent par le biais de techniques de prise en charge psychiatrique, doit permettre au toxicomane de reprendre confiance en lui, première étape d'un lent retour à une vie normale. Le lieu d'hébergement (centre spécialisé, maison ou famille d'accueil...) constitue la nouvelle maison du toxicomane où il se sent protégé, écouté et aidé. L'accompagnement, où l'affectif joue un rôle très important, va permettre de catalyser les angoisses du sujet afin qu'elles puissent s'exprimer sous diverses formes pour disparaître. Le toxicomane, particulièrement immature, réagit souvent comme un enfant. S'il se sent en confiance, il n'hésite plus à s'adresser à ses « nouveaux amis » à tout moment. D'où la nécessité d'une totale disponibilité de la part de ceux qui entourent le toxicomane qui s'exprime et reprend confiance en vivant à son rythme dans un lieu qu'il apprend à aimer et où il se sent bien. Cette prise en charge varie de six mois à un an et demi selon les cas.

La post-cure

Le domaine de la post-cure demeure un terrain difficile à délimiter qui permet de préparer et d'aménager le retour à la vie sociale normale. La post-cure permet de restructurer la vie du toxicomane et d'apprendre à l'intéressé à travailler afin de l'amener vers une autonomie et une indépendance de vie. Il est aidé pour trouver un travail et peut bénéficier d'une allocation de chômage, du RMI ou d'une aide réservée aux handicapés qui lui assure également une autonomie financière. Mais la vigilance est nécessaire pour éviter d'éventuelles rechutes. Le personnel de l'établissement chargé d'aider l'ex-toxicomane à réintégrer la vie civile doit l'aider avant sa sortie et l'accompagner durant les premières semaines qui suivent la sortie. Une période de contrôle effectuée par des personnels spécialisés semble souhaitable pour ne pas dire impérative compte tenu des états de flottement et d'incertitude que traverse l'intéressé.

Il ne faut en aucune façon que les rééducateurs hésitent à intervenir directement ou indirectement (par le biais de magistrats ou policiers ou gendarmes) lorsque les intérêts de l'ex-toxicomane, et ce *a fortiori* s'il n'est pas majeur, et son intégrité physique ou psychologique sont en danger. Leur intervention au profit de l'intéressé ne doit souffrir d'aucune faiblesse, le jeune qui est en phase de post-cure demeure en effet une cible facile, parce que vulnérable pour les trafiquants ou les revendeurs qui ne fléchiront vraisemblablement que devant l'opiniâtreté et la force qu'ils rencontreront entre l'usager et eux-mêmes.

L'idéal serait que l'ex-intoxiqué change de ville le temps de s'en sortir tout à fait. Des centres spécialisés peuvent l'aider en ce cas à se sevrer définitivement.

S'il est aisé, dans certaines circonstances, de sevrer un toxicomane dépendant physiquement d'un produit, il demeure beaucoup plus difficile d'effectuer un sevrage psychologique et de guérir l'intéressé des habitudes et réflexes plus ou moins inconscients qu'il a acquis au cours de son expérience toxicomaniaque. C'est sur ce point que tous les efforts des parents, des amis et des éducateurs doivent porter afin d'obtenir un résultat positif.

Faut-il dépénaliser la drogue ?

On parle beaucoup de dépénalisation, mais sait-on vraiment de quoi il s'agit ? Sous ce vocable se confondent souvent en fait diverses vues, différentes conceptions de la « libéralisation de la drogue » au sens large. C'est parce que les termes « dépénalisation », « légalisation », etc. ne sont pas toujours connus que le grand public confond souvent des réalités bien différentes.

Rappelons donc quelques définitions données par l'ONU :

• La libéralisation répond au principe d'une interdiction toujours assortie de sanctions mais qui ne seraient plus mises en œuvre.

• La déjudiciarisation correspond toujours à l'interdiction de l'usage assortie non plus de sanctions pénales mais de mesures civiles et administratives.

• La dépénalisation signifie que l'usage ne serait plus interdit ni réprimé.

• Avec la légalisation, l'usage ne serait plus interdit mais les activités liées à la consommation de drogues seraient organisées par la loi, par un commerce sans restriction, un commerce passif (monopole sans publicité) ou par la distribution contrôlée (par le biais de prescriptions médicales).

Aujourd'hui, plus des deux tiers de la population française sont hostiles à la dépénalisation ; dans un contexte démocratique, ce simple constat devrait suffire. Un débat sur la question peut cependant être utile pour autant qu'il soit constructif, informatif et serein.

Le rapport consacré aux problèmes posés par la dangerosité des drogues réalisé à la demande de Bernard Kouchner, secrétaire d'État à la santé, qui conclue à une nocivité plus ou moins équivalente entre alcool et héroïne, risque en l'état de semer le trouble dans les esprits. Ce rapport prévoit un classement par ordre de dangerosité qui permet de distinguer trois groupes de produits. En tête, selon les auteurs, viennent ainsi l'héroïne et plus généralement les substances opiacées, la cocaïne et l'alcool, puis arrivent ensuite les psychostimulants, les hallucinogènes, le tabac et les benzodiazépines, enfin en dernier le cannabis. Ce rapport précise entre autres, pour ceux qui l'ignoraient encore, que l'alcool est une drogue particulièrement dangereuse, responsable en France de 40 000 décès par an. Pourtant, la pharmacologie de l'alcool est loin d'être inconnue. Il faut rappeler que l'alcool est un produit psychoactif complexe dont l'usage en France, convivial et récréatif, s'inscrit dans les habitudes sociales et la tradition culturelle. Ce qui n'est pas le cas pour l'héroïne et la cocaïne, ni pour le cannabis.

L'alcool s'inscrit largement dans un cadre économique licite, socialement contrôlé. Il reste cependant impératif d'informer la population sur les dangers de l'abus d'alcool (comme de tabac) lourd de conséquences. Le dispositif d'information auprès des jeunes et moins jeunes doit être renforcé ; c'est d'ailleurs là l'intérêt majeur de ce rapport que de le souligner.

L'alcool, comme le tabac, sont des drogues licites ; leur production, leur commercialisation, leur consommation (interdiction de boire aux mineurs, de fumer dans certains lieux) sont réglementées et socialement admises. La responsabilité de l'État est ici engagée et les contrôles existent à tous les niveaux.

L'héroïne et la cocaïne (comme le cannabis) sont des drogues illicites socialement non admises ; elles sont produites par des laboratoires clandestins contrôlés par des groupes organisés ou des organisations criminelles internationales le plus souvent. Les moyens financiers de ces producteurs sont exorbitants comparativement à ceux des producteurs d'alcool et de tabac et c'est peu dire qu'ils n'offrent aucune garantie aux consommateurs quant à la qualité du produit proposé. Bien au contraire, étant donné la motivation essentiellement lucrative de ces organisations, elles ne rechignent jamais à couper la drogue de manière parfois dangereuse si elles peuvent accroître de la sorte leur marge à la revente. C'est là l'une des raisons majeures pour ne pas accepter la dépénalisation ou la légalisation de ces stupéfiants.

Il est regrettable que le terme de « stupéfiant », parfaitement défini, soit quelque peu oublié dans ledit rapport, auquel est préféré la bipartition « drogues dures » / « drogues douces », non définie scientifiquement et juridiquement et dont nous allons voir qu'elle n'est pas sans créer une certaine confusion. Il est également dommage de ne pas avoir traité dans cette étude d'autres produits tels les solvants, facilement accessibles dans notre pays, dont la dangerosité reste très importante pour les jeunes consommateurs, comme nous l'avons vu.

Les conclusions de ce rapport doivent d'abord interpeller la conscience des consommateurs d'alcool et de tabac qui ont une responsabilité dans l'usage et l'abus de ces produits. L'amalgame entre alcool, héroïne et cocaïne ainsi que les psychostimulants, substances hallucinogènes et tabac (tous potentiellement plus nocifs que le cannabis), peut cependant constituer un danger pour les esprits peu ou mal informés.

Il semble regrettable qu'un autre rapport (celui du Pr Alain Pineau et de dix autres experts), publié à la même époque, contestant le classement du cannabis dans la catégorie des drogues les moins dangereuses, n'ait pas bénéficié du même écho médiatique ; ce document estime précisément que le premier rapport diffuse une dangereuse contre-vérité. Il établit notamment que du cannabis a été retrouvé dans le sang de 16 % des conducteurs d'automobiles impliqués dans des accidents mortels. Plusieurs spécialistes estiment d'ailleurs que le nombre d'accidents de la circulation liés à la consommation de drogues n'est plus négligeable et qu'il importe de pouvoir mettre en place des moyens pour déceler ce type de pratique.

En ce qui concerne l'usage du cannabis, il serait en effet prématuré d'écarter les conclusions de l'académie des Sciences qui mettent en évidence les dangers potentiels dus à la consommation de ce stupéfiant. Ne prend-on pas un risque en laissant les jeunes libres de consommer le cannabis tant que les risques évoqués par ces scientifiques ne sont pas écartés à coup sûr ? Ce d'autant que la légalisation du cannabis comprend un risque majeur : la mise en place d'un monopole d'État (comme pour le tabac et l'alcool) est en effet difficilement concevable compte tenu des concurrences potentielles ou quasi insurmontables des productions illicites du cannabis qui pourraient être vendues moins chères par les marchés clandestins.

La drogue est aujourd'hui un problème mondial. C'est la raison pour laquelle les États ont des obligations au niveau international du fait de la ratification de plusieurs conventions internationales (conventions de 1961, de 1971 et de 1988). Ainsi les États ne peuvent permettre la détention de produits stupéfiants sans autorisation légale et sont obligés d'incriminer l'achat et la détention de stupéfiants et de substances psychotropes destinées à la consommation personnelle non médicale. Un contrôle international a été mis en place à ces fins. La loi française 70-1320 du 31 décembre 1970 se trouve tout à fait en conformité avec ces textes internationaux et détermine un cadre juridique dont la principale faiblesse fut de n'avoir pu être véritablement mis en application dès sa promulgation. Même si la prohibition présente certains inconvénients, elle permet néanmoins la mise sur pied d'une action globale objective dans les domaines de la prévention et de la répression.

La légalisation des drogues reste très discutable aujourd'hui ; elle représente cependant une position plus « responsable » que la dépénalisation sur laquelle nous allons revenir. Légaliser la drogue permettrait de ne plus interdire l'usage de la drogue : toutes les activités liées à l'usage de drogues seraient organisées par la loi, au travers de différents types de commerce (commerce large, sans restriction, commerce passif basé sur un monopole sans publicité, distribution contrôlée par le biais de prescriptions médicales).

Cependant, même adapté, il est impossible de concurrencer le marché illicite mondial. Un monopole d'État serait très facilement contourné pour des raisons variées (produits plus variés, plus nombreux, plus forts en alcaloïdes et potentiellement moins chers sur le marché clandestin). L'interpénétration des réseaux et des fillières jouent également en la défaveur de la légalisation. Pour que la légalisation soit envisageable, il faudrait au fond légaliser tous les produits, sans exception, pour casser la production illicite ; il conviendrait également d'autoriser l'accès de tous les produits à tous les usagers et que la décision de légaliser soit prise instantanément par tous les États. La politique internationale de lutte contre l'usage et le trafic des stupéfiants et les textes sur lesquels s'appuient les responsables de l'ONU interdisent actuellement la mise en place instantanée de ces critères incontournables.

Ce n'est pourtant qu'à cette condition que l'utilisation du cannabis à titre médical et thérapeutique peut être sérieusement envisagé ; en effet, ce n'est que sous couvert d'une autorisation légale et par le truchement du trafic licite des stupéfiants que cette utilisation à titre médical peut être pensée. Certains pays admettent l'utilisation de la feuille de cannabis dans certains traitements thérapeutiques. Ainsi certains médecins recommandent-ils à leurs patients le recours à la marijuana pour calmer leurs douleurs, sans pour autant délivrer d'ordonnance puisque la législation le leur interdit. Ces grands malades peuvent, par l'intérmédiaire d'une carte de « patient », obtenir du cannabis, dont l'origine est souvent incertaine, dans des « clubs » dont l'existence reste plus ou moins tolérée par certains responsables politiques et certaines autorités judiciaires locales. Le prix de vente y est moitié moins élevé que dans la rue. Certains praticiens reconnaissent ainsi une utilité médicale au cannabis ; mais la justification thérapeutique n'est pas systématique compte tenu des effets indésirables. Ce n'est que par le biais d'un médicament à base d'alcaloïdes tirés du cannabis, reconnu scientifiquement et médicalement utile, que celui-ci pourra être utilisé légalement sur ordonnance, comme c'est le cas pour certains produits opiacés, engageant directement la responsabilité des praticiens. L'État prendrait alors toutes ses responsabilités, au niveau de la production et de son contrôle, de la récolte, de la vente comme de l'utilisation médicale. Il convient tout de même de préciser que l'importation, l'exportation, l'utilisation industrielle et commericale de cannabis dépourvu de propriétés stupéfiantes (c'est-à-dire dont le taux de THC est inférieur à 0,3 %) reste autorisé en France, comme le précise un arrêté ministériel du 22 août 1990, mais son usage concerne le cannabis destiné à la production de fibres et non à des fins médicales. Il va de soi que si une légalisation partielle du cannabis intervenait, il y aurait création d'un précédent juridique au niveau national qui pourrait ouvrir d'autres possibilités. Ce serait peut-être là enfin l'occasion de reconnaître ce produit, aujourd'hui à la fois « inutilement diabolisé » et « diaboliquement utilisé », pour ce qu'il est précisément, avec ses vertus thérapeutiques et ses effets délétères.

La libéralisation, la déjudiciarisation ne peuvent sérieusement être envisagées. La dépénalisation est quant à elle irresponsable. En effet, il deviendrait alors possible de consommer de la drogue sans être inquiété, mais l'usager devrait encore se débrouiller pour trouver son produit dont le commerce, non contrôlé par l'État, serait toujours aux mains de trafiquants d'autant plus cyniques qu'ils pourraient dès lors agir avec plus d'assurance sinon plus d'arrogance. Le public à tout le moins comprendrait mal qu'un même produit puisse être interdit à la vente, mais autorisé à la consommation... Le paradoxe serait d'autant plus grand que les messages de prévention iraient pour le coup à l'encontre de la pratique.

Certains prétendent qu'aujourd'hui interdire est dépassé ; il faut espérer que cette logique étrange ne mènera pas à l'abrogation du code de la route ! Il n'y a évidemment pas de liberté sans limite, sans restriction, pour des raisons de sécurités personnelle et collective.

La dépénalisation favoriserait même probablement la consommation de cannabis, dont l'absence de nocivité, on l'a vu, n'est pas avérée. (La teneur en THC varie selon les variétés de cannabis de 0,04 % jusqu'à 20 % pour le cannabis rouge.)

L'académie des Sciences, qui avait constaté en 1996 que l'augmentation de la consommation du cannabis était importante chez les jeunes (la proportion d'élèves du second degré ayant fumé au moins une fois du cannabis étant passée en 5 ans de 6 à 12 %), souligne que la consommation du cannabis, qui présente des effets toxiques généraux semblables au tabac, entraîne à plus ou moins long terme des troubles marqués aux niveaux respiratoire, circulatoire, immunitaire et psychologique (qui s'accompagnent d'effets toxiques à plus ou moins long terme et de véritables syndromes de désorganisation de la pensée). La dépendance psychique au cannabis est par ailleurs démontrée et des données récentes indiquent qu'il existe vraisemblablement une dépendance physique (des signes de manques sont apparents lors de l'arrêt de la consommation de la drogue : tremblements, sudation, possibilités de convulsions). En conclusion, « l'académie des Sciences alerte enfin vigoureusement sur le fait que les études ont porté pour leur grande majorité sur des teneurs de 3 % en THC et que la plupart des spécialistes s'accordent pour dire que le cannabis à forte teneur en THC peut induire une toxicité et une dépendance beaucoup plus élevées. Cette constatation est d'autant plus préoccupante que des résines présentant une teneur supérieure à 10 % sont fréquemment trouvées et que de nouvelles variétés, cultivées sous serre après sélection (*nerderwiet* hollandais ou *schrong*), peuvent atteindre un taux de 18 % de THC. Cette évolution impose la plus grande vigilance et pourrait avoir des effets individuels, comportementaux et sociaux beaucoup plus importants que ceux constatés jusqu'à présent chez les consommateurs de cannabis.»[(50)]

C'est pourquoi la distinction « drogue dure » / « drogue douce » ne nous paraît pas très judicieuse. C'est pourquoi nous préférons parler d'« usage dur » ou d'« usage doux ». Aucun texte légal ne mentionne la distinction « drogue dure » / « drogue douce », au niveau national comme international. L'usage de drogues dites « douces » n'oblitère ni le danger lié au produit ni les risques d'abus qui restent entiers, d'autant que, comme nous le voyons sur le terrain, l' usager intensif de drogue dite « douce » (en l'occurrence de cannabis) reste très difficile à soigner. L'usager, étant donné son état, ne peut pas toujours intégrer un centre de cure et y rester pour y mener une thérapie efficace ; enfin, les risques liés aux rencontres avec une population interlope (délinquants, malades...) ne permettent pas objectivement de mettre en lumière une quelconque « douceur » effective sur le terrain de la pharmacodélinquance. En l'absence de définition précise tant sur le plan juridique que sur le plan médical, il semble préférable de proscrire cette distinction afin de ne pas troubler les esprits et les induire en erreur. D'autant que les pays qui tolèrent l'usage du cannabis, tels les Pays-Bas et l'Espagne, préfèrent évoquer la notion de « produit présentant ou ne présentant pas de risques inacceptables pour la santé » plutôt que celle de « drogue douce ». Précisons enfin que le rapport de l'académie des Sciences de 1996 souligne que « les appellations de drogues dites "douces" et de drogues dites "dures" doivent être utilisées avec prudence. Les données scientifiques ne permettent en effet pas de distinguer deux catégories et toute drogue présente un danger dont le degré doit être évalué en fonction de son potentiel de dépendance et des conséquences toxiques pouvant résulter de l'usage.»[(51)]

La distinction établie au niveau national conduit à dissocier plus utilement les stupéfiants des psychotropes et des produits dangereux. Le taux en THC du cannabis qui peut varier de 1 à 45, voire jusqu' à plus de 60 % dans l'huile de cannabis, montre bien que la bipartition « drogue douce » / « drogue dure » reste inopérante.

De plus, la dépénalisation du cannabis gênerait considérablement l'action des services répressifs en matière générale de lutte contre le trafic des stupéfiants. En effet, les héroïnomanes dans leur grande majorité ont commencé par le cannabis. 10 à 15 % des fumeurs de cannabis deviennent consommateurs de drogues plus fortes (héroïne, cocaïne...). Cette proportion serait même de 26 % aux États-Unis. Il ne faut pas se voiler la face : un certain nombre de résultats obtenus au cours d'un grand nombre d'investigations sont très souvent liés à l'interpellation initiale d'usagers de cannabis. Ne serait-il pas de fait préjudiciable d'interdire l'interpellation d'usagers de cannabis alors même que la vente serait punissable ? Sans parler de la démotivation des services répressifs qui pourraient dès lors s'interroger sur le sens de leur action.

La dépénalisation du cannabis ne supprimerait pas non plus le trafic des autres drogues, passées, présentes et à venir, contre lesquelles il conviendrait de conserver les instruments juridiques existants ; un dispositif sanitaire devrait également demeurer ainsi que des mesures spécifiques pour protéger les individus fragiles. Il ne faut pas oublier non plus que les services répressifs ont également leur place dans les dispositifs de prévention, qu'il ne saurait y avoir de prévention sans répression ni de répression sans prévention.

Les conséquences de la guerre de l'Opium au XIXe siècle en Asie ont décuplé le nombre d'opiomanes chinois (de 2 à 20 millions). Entre 1919 et 1925, la vente d'héroïne à prix modique dans certains dispensaires new-yorkais en vue de contrôler la toxicomanie a provoqué une augmentation des héroïnomanes. De la même façon, la fin de la prohibition de l'alcool en 1929 a provoqué un accroissement du nombre des alcooliques aux États-Unis et amené le recyclage de la mafia dans le trafic illicite des stupéfiants. Plus près de nous, les « expériences » hollandaise, espagnole et suisse n'ont pas été pour le moins probantes.

Une dépénalisation rapprocherait au bout du compte probablement de la drogue une population actuellement retenue par l'interdiction de l'usage. Le trafic ne disparaîtrait pas pour autant compte tenu de l'internationalisation du problème de la drogue ; elle aurait aussi pour effet de générer un prosélytisme déplacé aux conséquences plus redoutables que bénéfiques pour la jeunesse et la santé publique. « S'il existait un gouvernement qui eût intérêt à corrompre ses gouvernés, il n'aurait qu'à encourager l'usage du cannabis » écrivait il y a plus d'un siècle Charles Baudelaire à qui l'on doit faire confiance, comme à tous les poètes.

Notes

1. Pierre Deniker, *La Psychopharmacologie*, Presses universitaires de France, 1976, p. 35.

2. A. Hofmann, « Les Hallucinogènes », *La Recherche*, n° 3, 1970.

3. *La Drogue : informer, prévenir*, ministère du Temps libre, de la Jeunesse et des Sports, 1983, p. 8.

4. *Rapport de la mission d'étude sur l'ensemble des problèmes de la drogue*, présenté par Monique Pelletier, La Documentation française, 1978, p. 24.

5. *Dictionnaire des termes techniques en médecine*, Maloine, 1976, p. 6.

6. *Ibid.*, p. 100.

7. *Rapport de la mission d'étude sur l'ensemble des problèmes de la drogue*, *op. cit.*, p. 24.

8. *Rapport du comité d'expert de l'OMS*, Organisation mondiale de la santé, 1957.

9. Claude Olievenstein, *La Drogue* suivi des *Écrits sur la toxicomanie*, Gallimard, 1978, p. 17.

10. Marc Valleur, Alain Debourg et Jean-Claude Matysiak, *La Drogue sans poudre aux yeux*, Hachette, 1986, p. 12.

11. L. Houvnanian, *Si nous voulons, nous pouvons*, Comité national d'information sur la drogue, 1986.

12. *Dictionnaire des termes techniques de médecine*, *op. cit.*, p. 134.

13. *Rapport du comité d'expert de l'OMS*, *op. cit.*, p. 9.

14. A. de Candolle, *L'Origine des plantes cultivées*, Librairie Félix Alcan, 1912, pp. 177 à 179.

15. Charles Joret, *Les Plantes dans l'Antiquité et au Moyen Âge*, Éd. E. Bouillon, 1904, p. 645.

16. J. Moreau de Tours, *Du haschisch et de l'aliénation mentale*, Masson, 1845.

17. Louis Lewin, *Phantastica*, Payot, 1927, p. 139.

18. *Commentaire sur la Convention unique sur les stupéfiants de 1961*, Organisation des Nations unies, 1975, p.1 et suivantes.

19. *Ibid.* p. 2.

20. *Dictionnaire encyclopédique Quillet*, 1975, p. 143.

21. Patrick Allain, *Hallucinogènes et société*, Payot, 1973, p. 24.

22. Peggie Manna, « Les nouvelles révélations sur la marihuana », *SRD*, n° 420, 1982, pp. 174 à 178.

23. *Ibid.*

24. S. Kaymakcalan, « Propriétés toxicomanogènes du cannabis », *Bulletin des stupéfiants*, vol. XXXIII, n° 2, 1981, pp. 19 à 28.

25. Charles Baudelaire, *Les Paradis artificiels*, Garnier-Flammarion, 1966.

26. (Collectif), « Usage de l'opium et opiomanie dans les tribus montagnardes de la Thaïlande », *Bulletin des stupéfiants*, vol. XXX, n° 2, 1978, p. 17.

27. Alfred W. Mc-Coy, *La Politique de l'héroïne en Asie du Sud-Est*, Flammarion, 1980, pp. 23 et 493.

28. *Ibid.*, p. 24 et 493.

29. Cité par Lester Grinspoon et James B. Bakalar in *Cocaïne, Une drogue et son évolution sociale*, Éd. de l'Etincelle, 1978, p. 21.

30. Hans-Franz Mauch et Konrad Lauber, *Les Champignons*, Payot.

31. Jean-Marie Pelt, *Drogues et plantes magiques*, Horizon de France, 1971, p. 177.

32. L. Lewin, *op. cit.*, p. 113 et suivantes.

33. Patrick Allain, *op. cit.*, p. 40.

34. H. Leuenberger, *Magie de la drogue*, Payot, 1976, p. 28.

35. *Ibid.*, p. 33.

36. Ernst Junger, *Drogues et ivresse*, p. 488.

37. Cité par Patrick Allain, *op. cit.*, p. 35.

38. P. Allain, *op. cit.*, p. 37.

39. *Ibid.*

40. A. Huxley, *Les Portes de la perception*, Éd. du Rocher, 1954, p. 26.

41. Pierre Deniker, *op. cit.*, p. 27 et suivantes.

42. C.-E. Weise, S. Busse et R.-J. Hall, *Solvent Abuse : An annoted Bibliography with additional related Citations*, Addiction Research Foundation, 1973.

43. Il ne nous appartient pas ici d'entrer dans des considérations historiques, sociologiques, philosophiques et religieuses afin d'expliquer le recours réflexe de bien des personnes à la drogue. Chacun sent bien cependant que, par l'aventure toxicomaniaque, les hommes espèrent ou cherchent dans une certaine mesure à échapper à leur condition, se soustraire à la pesanteur d'un vide multiforme qui est autant le fruit de la « mort de Dieu », de l'effondrement des valeurs traditionnelles que de l'effritement de la cellule familiale. Si l'expansion de la drogue révèle quelques travers graves des sociétés modernes, jugées souvent trop froides, trop hostiles par les toxicomanes, l'explication de ce phénomène à l'aide d'arguments uniquement sociologiques est trop courte. Il est certain en tout cas que c'est par l'écoute et l'attention bienveillantes que l'on peut et doit aider le plus efficacement les toxicomanes à lutter contre leur propre mal. Aucun effort en l'espèce ne doit être négligé.

44. *Rapport de l'Organe international de contrôle des stupéfiants pour 1996,* ONU, 1997, p. 1.

45. S. O'Callaghan, *Les Chemins de la drogue,* Éd. Trévises, 1969, p. 129.

46. C. Lamour et M.-R. Lamberti, *Les Grandes Manœuvres de l'opium,* Seuil, 1972, p. 14.

47. A. Mc-Coy, *op. cit.*, p. 25.

48. *Rapport de la mission d'étude sur l'ensemble des problèmes de la drogue, op. cit.*, pp. 54-55.

49. S. O'Callaghan, *op. cit.*, pp. 91-92.

50. *Note d'information sur le rapport de l'académie des Sciences, Aspects moléculaires, cellulaires et physiologiques des effets du cannabis,* Éd. Tec Doc, 1996.

51. *Ibid.*

Bibliographie

ALEXANDRE P., *Langues et langue en Afrique noire,* Payot, 1967.

ALLAIN P., *Hallucinogènes et société,* Payot, 1973.

ARLACCI, *L'Éthique mafiosa et l'esprit du capitalisme,* Éditions universitaires de Grenoble, 1988.

Atlas pratique du monde, Éd. Atlas, 1994.

AXEL B., *H,* Flammarion, 1970.

BACHMAN C., COPPEL A., *La Drogue dans le monde. Hier et aujourd'hui,* Albin Michel, 1991.

BADIE B., *Le Retournement du monde,* Presses de la FNSP, 1992.

BAIDE B., *L'Occidentalisation de l'ordre politique,* Fayard, 1992.

BAKARY D., *Silence, on décolonise,* L'Harmattan, 1992.

BARREAU J.-C., *De l'Islam en général et du monde moderne en particulier,* Éd. Le Pré aux Clercs, 1991.

BAUDELAIRE C., *Les Paradis artificiels,* Garnier-Flammarion, 1966.

BENSOUSSAN P., *Qui sont les drogués,* Laffont, 1974.

BENSUSSAN I.-J., *L'Opium,* Vigot, 1946.

BENTON J., *Dans les griffes de l'héroïne,* Éd. L'Eau vive, 1972.

BERGERET J., *Toxicomanie et personnalité,* PUF, 1982.

BERGERET J., *Les Toxicomanes parmi les autres,* Éd. Odile Jacob, 1990.

BOSSARD A., *La Criminalité internationale,* PUF, 1988.

BOULLE P., *Les Vertus de l'enfer.* Flammarion, 1974.

BRESLER F., *La Mafia chinoise,* Éd. Philippe Picquier.

BROSSE J., *La Magie des plantes,* Hachette, 1979.

CABALLERO F., *Le Droit de la drogue,* Dalloz, 1989.

CANDOLLE A. de, *Origine des plantes cultivées,* Éd. Germer Baillière, 1883.

CARTER R.-H.-A., *Pharmacodépendance et pharmacodélinquance*, Éd. Chiron, Paris, 1990.

CATHALA F., *La Police au fil des jours*, Éd. du Champ de Mars, 1981.

CECCALDI P.-F. et DIRIGON M., *Médecine légale à usage judiciaire*, Éd. Cujas, 1979.

CHAMPAGNE G., *Après la drogue*, Éd. du Seuil, 1970.

CHOISEUL-PRASLIN C.-H. de, *La drogue, Une économie dynamisée par la répression*, Presses du CNRS, 1991.

COQUERY-VIDROVITCH C., *Afrique noire, Permanence et ruptures*, L'Harmattan, 1992.

COHEN S., *LSD 25*, Gallimard, 1966.

(Collectif), *La Drogue*, ministère de la Santé et des Affaires sociales, 1981.

COLLINOTE F.-J., *La Tête à l'enfer*, Cerf, 1989.

COUVRAT J.-F., PLESS N., « Fortunes en poudre : les marchés de la drogue », in *La Face cachée de l'économie mondiale*, Hatier, 1989.

CUCCHI F., *La Route du pavot*, Filipacchi, 1991.

CURTET F., *Idées fausses sur la défonce*, Flammarion, 1982.

DALEY R., *L'Année du dragon*, Albin Michel, 1982.

DAVID R., *Précis de droit comparé*, Dalloz, 1964.

DELAVEAU P., *Histoire et renouveau des plantes médicinales*, Albin Michel, 1982.

DELBREL G., *Géopolitique de la drogue*, La Découverte/Documents, 1991.

DENIKER P., *La Psychopharmacologie*, PUF, 1976.

DORVAULT, *L'Officine*, Vigot, 1948.

DUCHAUSSOIS C., *Flash*, Fayard, 1971.

DU TOIT B.-M., *Cannabis in Africa, A Survey of its Distribution and a Study of Cannabis Use and Users in multi-ethnic South-Africa*, A.-F. Balkema, 1980.

FOTTORINO E., *L'Afrique sous l'emprise de la drogue*, Éd. Balland, 1991.

FREJAVILLE J.-P., *Les Dangers des produits domestiques*, Éd. du Seuil, 1977.

GENET F., *Le Voyage de la drogue*, Éd. La Maison de la Bible, 1978.

GILBERT G., *Un Prêtre chez les loubards*, Stock, 1978.

GRINSPOON L. et BAKALAR J.-B., *Cocaïne*, Éd. L'Étincelle, 1978.

GUILLIEN R. et VINCENT J., *Lexique des termes juridiques*, Dalloz, 1978.

GUILLON J., *Cet enfant qui se drogue, c'est le mien*, Éd. du Seuil, 1978.

HENRY L. et LEGER L., *Les Hommes se droguent, l'état se renforce,* Éd. Champ libre, 1976.

HERMAN K. et RIECK H., *Moi, Christiane F., 13 ans, droguée, prostituée,* Mercure de France, 1981.

HUNTER W.-C., *The Fan-Kwae at Canton before Treaty Days 1825-1844 by an old Resident,* Paul Kegan, 1882.

HURON Ph., *Les Tiers-Nations en mal d'industrie,* Économica, 1988.

HUXLEY A., *Les Portes de la perception,* Éd.du Rocher, 1954.

JAUBERT A., *Dossier D comme drogue,* Éd. Alain Moreau, 1976.

JENNINGS O., *Morphinisme et morphinomanie,* Éd. Vigot, 1910.

JORET C., *Les Plantes dans l'Antiquité et au Moyen Âge,* Éd. E. Bouillon, 1904.

KERHARO J., *La Pharmacopée sénégalaise traditionnelle (plantes médicinales et toxiques),* Vigot frères, 1974.

KRUGER H., *L'Arme de la drogue,* Messidor Temps actuels, 1984.

LABROUSSE A., *La Drogue, l'argent et les armes,* Fayard, 1991.

LAGRIFFE L., *Vieux remèdes du temps présent,* Éd. Maloine, 1970.

LAMOUR C. et LAMBERTI M.-R., *Les Grandes Manœuvres de l'opium,* Éd.du Seuil, 1972.

LANARES P., *Faire face au désordre mondial,* Éd. Vie et santé, 1993.

LAQUEUR W., *Terrorisme,* PUF, 1979.

LARTEGUY J., *La Fabuleuse Aventure du peuple de l'opium,* Presses de la Cité, 1979.

LEARY T., *La Politique de l'extase,* Fayard, 1973.

LEHANE B., *Le Pouvoir des plantes,* Hachette, 1977.

LEUENBERGER H., *La Magie de la drogue,* Payot, 1976.

LEWIN L., *Phantastica,* Payot, 1927.

LIEBERT G., VALLAUD P. et WALLON A., *La Drogue, nouveau désordre mondial,* Hachette, 1993.

LIEBERT G., VALLAUD P., *État des drogues, drogues des États,* Hachette, 1994.

LIEUTARD J., *Précis de matière médicale,* 1770.

MAGNIEN V., *Les Mystères d'Eleusis, leurs origines, le rituel de leur initiation,* Payot, 1950.

MARTIGNY M., *Hippocrate et la médecine,* Fayard, 1964.

MAUCH H.-F., et LAUBER K., *Les Champignons*, Payot.

MAKHLOUF Hassane, *Culture et trafic de drogue au Liban*, L'Harmattan, 1994.

MC COY A., *La Politique de l'héroïne en Asie du Sud-Est*, Flammarion, 1980.

MORIN J.-P., *Le Viol psychique, La psychopolémologie*, R.Garry, 1978.

MORIN M. et MISSEN F., *La Planète blanche*, Éd. Tsuru, 1990.

MOSCOVICI S., *Psychologie des minorités actives*, PUF, 1979.

NAHAS G., *Haschich, cannabis, marihuana*, PUF, 1976.

NAHAS G., *Histoire du H*, Éd. R. Laffont, 1979.

NARODETZKI A., *La Médecine végétale et le régime biologique*, Imprimerie P. Pigelet et fils, 1900-1902.

NGUYEN TE DUC, *Le Livre de l'opium*, Éd. de la Maisnie, 1979.

NOAILLE M.-C., *L'Évolution botanique*, Éd. du Seuil, 1967.

NOWLIS H., *La Drogue démythifiée*, Unesco, 1975.

O'CALLAGHAN S., *Les Chemins de la drogue*, Éd. Trévises, 1969.

OLIEVENSTEIN C., *Il n'y a pas de drogué heureux*, Laffont, 1977.

OLIEVENSTEIN C., *La Drogue* suivie des *Écrits sur la toxicomanie*, Gallimard, 1978.

ORFILA M., *Traité de toxicologie*, Éd. Labé, 1852.

PARIS R.-R. et MOYSE H., *Précis de matière médicale*, Masson, 1980.

PELICIER Y., et THUILLIER G., *La Drogue*, PUF, 1972.

PELT J.-M., *Drogues et plantes magiques*, Horizon de France, 1971.

PEYREFITTE A., *Réponse à la violence, Rapport du comité d'étude sur la violence, la criminalité et la délinquance*, Presses Pocket, 1977.

PLANCHON G., *Traité pratique de la détermination des drogues simples d'origine végétale*, Librairie F. Savy, 1875.

POROT A. et M., *Les Toxicomanies*, PUF, 1976.

QUINCEY T. de, *Confession d'un mangeur d'opium anglais*, Aubier-Montaigne, 1964.

RAWTON O. de, *Les Plantes qui guérissent et les plantes qui tuent*, Éd. Jouvet, 1884.

RAYNAL-ROQUES A., *La Botanique redécouverte*, Belin, 1994.

REVON A., *Au-delà du LSD*, Stock, 1975.

ROBERT P. (dir), *Les Politiques de prévention de la délinquance à l'aune de la recherche*, L'Harmattan, 1991.

ROUSSEAU C., *Droit international public*, Dalloz, 1987.

RUBIN V., *Cannabis and Culture*, Mouton Publisher, 1975.

SAURY A., *Les Plantes fumables*, Maloine, 1978.

SCHIVELBUSCH W., *Histoire des stimulants*, Gallimard, 1991.

SCOTT J.-M., *The White Poppy, A History of Opium*, Heinemann, 1969.

SERVIER J., *Le Terrorisme*, PUF, 1979.

SNYDER S.-H., *La Marijuana*, Éd. du Seuil, 1973.

SYDENHAM T., *Médecine pratique*, 1683.

SZASZ T.-S., *Les Rituels de la drogue*, Payot, 1976.

TERRY C.-E. et PELLENS M., *The Opium Problem*, 1970.

THORWALD J., *Histoire de la médecine dans l'antiquité*, Hachette, 1959.

TRIMINGHAM J.-S., *Islam in West Africa*, 1959.

VALLEUR M., DEBOURY A. et MATISIAK J.-C., *La Drogue sans poudre aux yeux*, Hachette, 1986.

VERBEKE R., *Un dictionnaire critique des drogues*, Éd. Bourgeois, 1978.

VILLENEUVE C. et PERET J.-P., *Histoire secrète du terrorisme*, Plon, 1987.

WILKERSON D., *Rescapés de la drogue*, Éd. L'Eau vive, 1981.

ZIEGLER J., *La Suisse lave plus blanc*, Éd. du Seuil, 1990.

Adresses utiles

Drogues info service : 0800 23 13 13

Numéro vert gratuit fonctionnant 24 heures sur 24 à l'écoute des toxicomanes afin de les aider et les informer en les orientant notamment vers les centres spécialisés.

Info service parents : 01 44 93 44 93

Service à l'intention des parents d'enfants toxicomanes.

Centres de documentation

PARIS : La Rose bleue – 149, rue Raymond-Losserand – 75014 Paris.
Tél. : 01 45 42 75 00

BORDEAUX : CEID – 24, rue du Parlement Saint-Pierre – 33000 Bordeaux.
Tél. : 05 56 44 84 86

LYON : Centre national de documentation sur les toxicomanies (CNDT) – 14, avenue Berthelot – 69007 Lyon. Tél. : 04 72 72 93 07

MARSEILLE : Centre de documentation et de recherche (AMPT) – 19, rue de la République – 13002 Marseille. Tél. : 04 91 56 08 40

Autres

Généralistes et toxicomanie – Tél. : 01 46 83 43 73 (de 9 h 30 à 12 h 30)

Sachez également que vous pouvez obtenir d'autres informations dans votre ville ou dans votre région par le biais de la préfecture (Direction départementale de l'action sanitaire et sociale), de la mairie (associations...), du Conseil général et de la gendarmerie nationale ou la police nationale.

Table des matières

Mise en page : *CAHOUÉ Compogravure*, Toulouse.

Achevé d'imprimer par : **N**ouvelle **I**mprimerie **L**aballery – 58500 Clamecy

Dépôt légal : octobre 1998 – Édition n° 1 – N° d'impression : 810039